保定名人名居

保定名人名居

保定历史文化名城丛书

《保定名人名居》编委会 编

河北大学出版社
·保定·

出 版 人：耿金龙
责任编辑：刘 婷
装帧设计：赵 谦 王占梅
图片处理：陈 静 孙芳泽
责任校对：赵 麟
责任印制：靳云飞

BAODING MINGREN MINGJU

图书在版编目（CIP）数据

保定名人名居 /《保定名人名居》编委会编 . -- 保定 ：河北大学出版社 , 2019.11
（保定历史文化名城丛书）
ISBN 978-7-5666-1534-3

Ⅰ . ①保… Ⅱ . ①保… Ⅲ . ①名人—列传—保定②名人—故居—介绍—保定 Ⅳ . ① K820.822.3 ② K878.2

中国版本图书馆 CIP 数据核字（2019）第 203071 号

出版发行：河北大学出版社
地址：河北省保定市七一东路 2666 号 邮编：071000
电话：0312-5073033 0312-5073029
邮箱：hbdxcbs818@163.com 网址：www.hbdxcbs.com
印 刷：保定华泰印刷有限公司
幅面尺寸：185 mm × 260 mm 1/16
印 张：25
字 数：411 千字
版 次：2019 年 11 月第 1 版
印 次：2019 年 11 月第 1 次印刷
书 号：ISBN 978-7-5666-1534-3
定 价：168.00 元

《保定名人名居》编委会

序

保定是尧帝的故乡，春秋战国时期燕国、中山均在境内建都，有3 000年的历史积淀。保定之名始于元朝，取“保卫大都、安定天下”之意，大都即北京。保定素有京畿重地、首善之地、首都南大门之称。1986年被国务院命名为国家历史文化名城。

保定是一座充满神秘色彩的古城。在历史的演变过程中，凝结成沧桑的建筑和各种看得见、摸得着的文化。作为历史文化名城，它不仅有众多的历史文化古迹，更有丰富的文化遗存，有很多与之相关的文化名人、历史典故、故事传说，由此形成了具有保定特色的文化传统、文化精神。

保定因名人众多而著名。前有帝王唐尧、汉昭烈帝刘备、宋太祖赵匡胤及郦道元、祖冲之、王实甫、关汉卿等名人志士。后有毛泽东、周恩来、刘少奇等一批革命家在保定留下佳话。

保定因文化底蕴深厚而被世人瞩目。燕下都、黄金台、直隶总督署、古莲花池、清西陵、保定军校等历史文化名胜，共同支撑起了保定这座历史文化名城，并将其深深镌刻在人们心中。

保定因红色故事而备受尊崇。保定是一块英雄的土地，有悠久的革命历史传统。在保定这块热土上曾涌现出许多名垂青史的英雄人物，让保定人民引以为荣。无论是抗日战争，还是解放战争，保定都涌现出了一批可歌可泣的英雄事迹。改革开放40年以来，保定人以坚韧不拔的意志、改革创新的精神，在经济、社会发展、文化等诸多方面取得了一个又一个的辉煌成就，谱写了新时代保定奋力发展的新篇章。

保定在秀美壮阔的名胜古迹、山水之间，有世界文化遗产 1 处，国家级文物保护单位 69 处，省级文物保护单位 111 处，市（县）级文物保护单位 504 处。星罗棋布的文物古迹不仅积淀了保定深厚的文化传统，而且也形成了独特的地方民俗文化，成了载入史册的人文地标。

鲁迅先生曾经说过，名人的业绩要靠名文记载下来，而名文的流传要凭借名人的影响才能长久。今天，在名村名镇、名人名居、名山名水、名家名作的关系上，我们不妨套用鲁迅先生这句话——“人以城传，城以人传”。也就是说，一个城市得以名扬四海往往得益于某些名人的活动。例如，曾国藩、李鸿章、袁世凯就与保定在清代的历史地位割舍不断，梁斌、徐光耀等就与保定的红色发展历程割舍不断，孙犁先生的成就与白洋淀这块独特的地域更是割舍不断。正是因着历代一批又一批的保定名人，才使保定成为名副其实的历史文化名城。

前有古人，后有来者。保定文化事业的繁荣，不能靠躺在前人创造的功劳簿上，而是要发挥我们这一代人对保定文化的理解，从而让保定文化生生不息地传承下去，这是我们这一代人的责任和使命，更是担当。因此，为了宣传、弘扬、继承保定文化精神，追寻保定文化的标志，本着对保定负责的态度，我们力图从名村名镇入手，挖掘一批具有重大历史价值或纪念意义的，能较完整地反映保定一定历史时期传统风貌和地方民族特色的镇和村；把名人名居作为一种精神，来彰显古城保定的文化意识与胸怀；借助名山名水的影响力，传承城市文脉，塑造城市精神不可或缺的人文基础；整理名家名作，展现保定文化底蕴，来保留古城文脉的永久印迹……我们试图通过总结、归纳和阐述保定历史文化内涵，通过论据整理，更好地支撑起保定这座历史文化名城。

“能知古始，是谓道纪。”尊重历史，才会对未来负责。既然我们保定的先人能够创造出如此光辉灿烂的业绩，能够做出如此伟大的历史贡献，我们这一代保定人处在中华民族伟大复兴的新时代，怎么能不在现代与历史、本土文化与普世文明的碰撞交融中创造出更加光明的未来呢？

党的十九大的召开，标志着中国特色社会主义进入新时代，这是全体中华儿女同心协力、奋力实现中华民族伟大复兴中国梦的时代，是我国日益走向世界舞台中央、不断为人类做出更大贡献的时代。乘着十九大的东风，在京津冀一体化战略中，在雄安新区建设的发展格局中，保定这座古老而富有魅力的城市，其文化特征必然是独树一帜的。今天的保定，在古老的文化大背景孕育下，一定会迸发出新的生机。

是为序。

保定市人大常委会主任 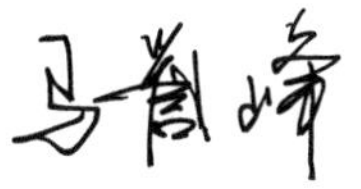

2018 年 2 月

凡例

一、基本原则

本书遵循以人为本、实事求是、详度略同、详近略远的基本原则，力求全面、翔实地记录保定市行政范围内，在各个历史时期特别是近现代，有一定影响或在某一领域有较大成绩与贡献的著名人士、国际友人等出生或曾经居住过的家乡或地方。

二、记述范围

以保定市 2018 年行政区划为记述范围。

三、结构层次

分为保定名人故居（故里）和保定重点民居两篇，从不同角度再现保定作为国家历史文化名城所具备的悠久丰富的名人故事和文化建筑遗存。

四、纪年方法

自 1900 年开始，使用公元纪年；之前的使用历史传统纪年。对 20 世纪的年代一般表述为 20 世纪某年代，同段文字重复出现时，后者直书年代。

五、人地称谓

使用第三人称记述。人名，直书其名，必要时冠以职务、职称。地名，以现代标准地名为准。政党、团体、组织、机构、会议、文件等名称，首次出现时为全称，再次出现时使用简称。

所称省、地、市不冠以地方名称时即分别指河北省、保定地区、保定市。

六、数据、数字

所用数据以统计部门提供为准，统计部门没有的，以专业部门提供为准。数字书写依据《GB/T15835-2011〈出版物上数字用法〉》。计量单位，除个别仅用于表述和为世人所理解使用的市制外，其余均使用法定计量单位。

七、人物入志

坚持“生不立传”原则。收录的历史人物（包括客籍）均为已故人物。

八、资料来源

采用资料来源于各承编单位、档案馆、图书馆、有关史志及书刊，辅以经过考证的其他资料。

目 录

上篇

流年撷影——名人故居

名人故居是一个城市独特的文化基因和人文积淀的重要载体。对名人故居价值的正确认知，既关系着一个城市名人故居的当代命运，又关系着城市文化血脉的延续问题。名人故居的人文价值主要体现在它是城市文化厚重感的独特标志、是地域文化情调的重要魅力之源以及用精神影响后人的无言教化者。保定市作为历史文化名城，有其独具性格的名人故居，从古代名士卢植、郦道元到国际友人白求恩、柯棣华；从乱世军阀曹锟、冯玉祥到科学巨匠牛满江、晏阳初……名人故居记录了一座城市曾经的群星璀璨，在对名人故居的回顾中，未来依稀可见。

莲池区

冯玉祥故居

冯玉祥

冯玉祥（1882—1948），原名基善，字焕章，中国国民革命军陆军一级上将。原籍安徽巢湖，生于河北青县兴济镇，清光绪十年（1884年）随父到保定，自幼在保定东郊西康各庄村长大。冯玉祥自称生于保定市区附近一个农民家庭，多数史学家考证，冯玉祥1882年11月6日（农历九月二十六日）生于河北省青县的兴济镇，1884年举家迁居保定市莲池区楼南街（现莲池区县学街小学南校区），不久后由于经济负担较重，又迁居西康各庄。据说，冯玉祥一家最初在西康各庄赁得村西头道南陈家的两间西房，后来攒钱典了南头葛家的7间房子，计有3间正房、2间东房、2间东配房。3间正房坐北朝南，外包青砖，里衬土坯，与周围民房高矮相差不多，并没有什么特殊之处。在这里，冯玉祥度过了自己的童年、少年、青年时光。在冯玉祥的生命中，保定生活占有十分重要的地位。

故居概述

冯玉祥故居有两处，一处是位于现莲池区县学街小学南校区的冯玉祥将军故居纪念馆。此处故居原来约 2 000 平方米，由书房、卧室、客厅、饭厅、厨房几部分组成。故居于 1937 年被日本侵略者烧毁，现仅存 1 间。中华人民共和国成立以后，冯玉祥将军的家人将地捐给了政府，并建起了保定市管驿街小学

冯玉祥故居匾额

冯玉祥故居德育展室

冯玉祥故居（县学街小学南校区）

（今县学街小学南校区）。保定市政府曾拨专款对仅存的故居房屋进行了全面维修，恢复原貌。

另一处则位于保定市莲池区西康各庄村中心幼儿园。冯玉祥及其子女始终认为保定市西康各庄村是自己的故乡，在冯玉祥诞生一百周年之际，其子女冯弗伐、冯宏志曾向西康各庄村赠书，其后村委会多次派人到北京探望冯弗伐。1985 年，寄居美国的冯宏志与冯弗伐专程到西康各庄村看望乡亲们，并赠书

冯玉祥雕像

冯玉祥故居（西康各庄中心幼儿园）

2019 年 11 月 6 日，保定市人大常委会主任马誉峰与冯玉祥后人为冯玉祥将军塑像落成揭幕

冯玉祥

和蔬菜种子。1987 年，为纪念冯玉祥将军，西康各庄村将南北街道命名为玉祥街，并在村中心幼儿园内树立冯玉祥雕像。

名人生平

冯玉祥少时家贫，光绪二十二年（1896 年）入保定五营当兵，光绪二十八年（1902 年）改投武卫右军，历任哨长、队官、管带等职。清宣统三年（1911 年）武昌起义爆发后，曾与王金铭、施从云等在滦州举兵响应，失败后被革职，褫解保定。后参加反对袁世凯称帝和张勋复辟的斗争，任第十六混成旅旅长。此后历任第十一师师长及陕西、河南督军及陆军检阅使等职。

1924 年第二次直奉战争中，冯玉祥任直军第三军总司令，趁直、奉两军在石门寨、山海关等地激战，回师发动“北京政变”，推翻直系军阀政府，驱逐清废帝溥仪出宫，改所部为“中华民国国民军”，任总司令兼第一军军长，电邀孙中山赴京共商国是。但迫于形势，又同反直系的军阀张作霖、段祺瑞妥协，组成以段为临时执政的北洋政府。

1925 年春，迫于奉、皖两系军阀的压力，冯玉祥赴张家口就任西北边防督办，所部改称西北边防军（简称西北军），8 月任甘肃军务督办，仍兼西北边防督办。在此期间，他接受共产党人和苏联专家帮助，建立各种军事学校。1926 年 1 月在奉、直军联合进攻下被迫通电下野，旋赴苏联考察。8 月中旬回国，被广州国民政府任命为国民政府委员、军事委员会委员。在苏联和中国共产党帮助下，9 月 17 日在五原誓师，就任国民军联军总司令，正式宣布全体将士集体加入中国国民党，参加国民革命。在李大钊等中国共产党人建议下，确定“固甘援陕，联晋图豫”的战略方针。随即率部参加北伐战争，出师甘、陕，11 月解西安之围。

1927 年 4 月，冯玉祥所部被武汉国民政府改编为国民革命军第二集团军，冯玉祥任总司令，旋率部东出潼关，鏖战中原，与北伐军唐生智部会师郑州。1928 年，率部参加第二期北伐。10 月任行政院副院长兼军政部部长。因与蒋介石发生利害冲突，在 1929 年和 1930 年爆发的蒋冯战争和蒋冯阎战争中失败下野。1931 年、九一八事变后，冯玉祥积极主张抗日，反对蒋介石的不抵抗政策。1933 年 5 月，在中国共产党的帮助和推动下，冯玉祥与方振武、吉鸿昌等在张家口组织察哈尔民众抗日同盟军，被推举为总司令，指挥所部将日军驱逐出察哈尔省。8 月，在蒋派重兵威逼下辞职，隐居泰山。1935 年 4 月，冯玉祥被授予陆军一级上将军衔。12 月以蒋答应抗日为条件，在南京出任军事委员会副委员长。1936 年后，曾任国民政府军事委员会副委员长，第三、第六战区司令长官。

1937 年抗日战争全面爆发后不久，受蒋排挤离职，冯玉祥仍积极从事抗日救国活动。抗战胜利后，为形势所迫，冯玉祥于 1946 年以水利考察专使名义出访美国，同时被强令退役。从 1947 年起，冯玉祥在美公开抨击蒋介石的内战、独裁政策，积极支持国内人民的爱国民主运动，在美国发表《告全国同胞书》，主张国共议和成立联合政府，并以 20 年亲身经历，撰写《我所认识的蒋介石》一书。

1948 年 1 月，中国国民党革命委员会在香港成立，冯玉祥当选为常务委员和政治委员会主席，随即发起组织民革驻美总分会筹备会。7 月应中共中央邀请参加中国人民政治协商会议筹备工作，冯玉祥自美国回国，乘“胜利”号轮船途经黑海向敖德萨港航行途中，因轮船失火，于 9 月 1 日与女儿冯晓达一起遇难。

曹锟故居

曹锟

曹锟（1862—1938），字仲珊，天津人。直系军阀首领，1916 年任直隶督军，驻保定。1923 年 10 月，通过贿选登上中华民国第五任大总统宝座，人称贿选总统。卢沟桥事变后拒绝日本出面组织新政府所请，保持了民族气节，1939 年 12 月被国民政府追赠一级上将军衔。

故居概述

曹锟故居原位于莲池区裕华路，建于 1917 年，原大门坐北向南，集居住、办公为一体。因曹锟仰慕抗倭名将戚继光，遂将此处建筑题名为“光园”，因此，人们就将这处建筑称为“光园”，直至今日。曹锟故居为全国重点文物保护单位，定名为“光园”。

建筑特色

曹锟故居原以南北向为轴线，由花园、主体建筑、戏园、中式排房独院及群房等附属建筑组成，是一处以西洋建筑风格为

曹锟故居

主厅东南角尖顶堡垒式建筑

主厅内廊

主，融入我国传统建筑元素的中西合璧式的较大型建筑群。曹锟故居原建筑格局已不完整，现只保存了主体建筑及西群房一排，因其以西洋式为主体风格，只是在局部工艺中做了中式处理，所以一眼望去其外观洋味十足。故居的主体建筑坐北向南，从外观看是一座体量很大的“工”字形厅堂，通高约 8 米，门前台阶不设在正面，而是从两侧拾级而上，而且踏跺砌成了优美的弧形，厅堂前立面的两侧各有座尖顶的堡垒式建筑，西南角的一座墙帽为正圆形，东南角的一座墙帽为八棱形，厢堂所有建筑的檐廊石柱、墙帽以及窗上雨搭都用汉白玉砌成，一眼望去，屋顶一片雪白。主厅内由几条内廊将内部隔成大小不一的房间数间，房间内地面全部是木地板，厅堂中心的房间都设

主厅内房间

主厅内房间高窗

主厅东侧门

主厅西侧群房

檐廊

有高窗，室内天花板及墙壁饰物上留有防御用的枪眼，天花板顶上和地板下留有可以藏人的空间和地道，这些房间具有办公、会客、就餐、休憩、娱乐等功能。主厅东、西两侧都设有侧门，在厅堂西侧保存有一排带廊群房，檐柱为木制，屋顶是灰色的，与主体建筑的奢华对比鲜明，这是佣人和警卫人员的住房。在厅堂的北部原有 3 排带廊的独立平房小院，据传是曹锟的几位姨太太所居。

建筑历史

曹锟故居建成之后，就成了直系军阀的大本营。1920 年的直皖战争、1922 年的第一次直奉战争和 1923 年曹锟贿选总统事件等全都在此策划。1926 年吴佩孚在此设立了“讨贼联军指挥部”，联合奉系抗击冯玉祥；1927 年张学良在此指挥了晋奉战争；1928 年阎锡山受命于蒋介石，在此就任京津卫戍司令，1933 年蒋介石来保寓此。从这里可以看到北洋军阀混战那段历史的缩影。

1921 年，曹锟在故居大做 60 岁寿庆，吴佩孚从湖南赶来亲任庆典总管，各省军政要人纷纷前来，大送寿礼。曹锟特地邀来梅兰芳、余叔岩、杨小楼、程砚秋、尚小云等戏曲名角在故居戏台连唱七天堂会。次年，曹锟再办 61 岁寿庆，前来祝寿的达官贵人就有 700 多人，其中议员占了四分之三。张学良也赶来祝寿。据说由北京开往保定祝寿的专列就有 4 列之多。

保定的曹锟故居历史内涵十分丰富，里面有太多太多鲜为人知的故事。

文物价值

2013 年，光园由国务院公布为全国重点文物保护单位。

保护现状

由于城市改造，光园原大门已不存，改到了现永华南大街 105 号，门口朝向也改成了坐东向西。2013 年，被列为全国重点文物保护单位。现在是保定市方志馆（保定抗日战争史料馆）。

保定轶事

1916 年 6 月袁世凯死后，曹锟又以其重要的军事力量，仍为北洋政府所倚重，9 月 16 日被任命为直隶督军，驻直隶省城保定。曹锟驻保定不久，就将原清代直隶按察使司狱署改建为宾馆，因慕明代民族英雄戚继光之名，特命名为“光园”。又将关帝庙改建为关岳行宫，把庙前的戏楼扩建为礼堂，亦可演戏，俗称“曹锟戏院”。拆通西关新开路，扩宽南大街，并在府河两岸建规模宏大的花园。曹锟自任直隶督军到 1923 年 10 月赴京就任总统的这段时间，主要住在保定，光园便成了直系军阀的大本营及政治、军事策划中心。1920 年 4 月至 7 月间，曹锟在光园多次召开各省反皖同盟代表秘密会议，组成了“讨逆军”，策划和发动了直皖战争并取得胜利。1922 年 4 月 11 日，曹锟又在光园召开直军将领会议，策划了第一次直奉战争并取得胜利。

商震故居

商震

商震（1888—1978），字启予，祖籍浙江绍兴，生于河北保定。抗战时期曾任第二十集团军总司令、第六战区司令长官、军事委员会办公厅主任、战后中国驻美军事代表团团长、国民政府参军长、中国驻日代表团团长。1949年后辞职留居日本，后曾两次回国访问。

故居概述

商震故居位于保定市金线胡同东段路北。原建筑有中式大门楼，五进院。其中二院是客房院，客厅3间，配房6间。客厅极高大，进深2间，大花格玻璃窗。中间一间后部长出半间，开三面设窗门。三院为宅院，建筑精美，连廊相环。第四院是花园，西北角为书房。抗战后其故居几经改造。现为菊胡同幼儿园。

名人生平

清光绪三十一年（1905年），17岁的商震考入保定陆军速成学堂，其间加入

金线胡同旧照

同盟会。光绪三十二年（1906 年）夏，商震辗转到沈阳，先协助蒋慕谭创办商业专门学校，后到辽阳与陈干办起了八旗小学堂。其间，他一边从事教学，一边宣传革命，又被扣上“诋斥官府”的罪名逮捕。获救后，东渡日本留学。清宣统元年（1909 年）商震奉同盟会指示回国到长春从事反清活动，身份暴露后，逃至辽宁锦州。宣统三年（1911 年）初，商震以优异的成绩毕业于驻锦州新军某部的随营学堂，后被保送进东北陆军讲武堂学习。

辛亥革命后，商震任关外民军总司令及烟台民军司令。1913 年，任北京政府陆军部顾问。1914 年投陕督陆建章部，任陕北镇守使署参谋长。1915 年任陕西陆军第一混成旅步兵第一团团长，随陆建章在陕西镇压白朗起义。1916 年初，陆建章被陈树藩驱走，商震率所部投奔阎锡山，任山西陆军第四混成团团长。1917 年任晋军混成旅旅长，后兼晋南剿匪副司令及兵工厂厂长。1924 年冬任晋南第一师师长。1926 年 9 月初任绥远都统兼第一师师长。1927 年随阎锡山加入国民革命军行列，任北方第一军军长兼国民政府军事委员会委员。1928 年初任第三集团军前敌总指挥、左路总指挥，驻军保定。奉军退回关外后，任河北省政府主席兼河北“剿匪”司令。1929 年春改任山西省政府主席兼民政厅厅长。

1930 年中原大战中任第五军团总指挥兼第二十二军军长，大战结束后奉命整编山西军队，任第三十二军军长。1931 年率所部移驻洛阳。1933 年初任华北第二军团总指挥，率部在长城沿线布防，抗击日军。1935 年 4 月 3 日授陆军二级上将，6 月任天津警备司令兼代天津市市长、津沽保安司令，同月再次出任河北省主席兼河北省保安司令。1936 年任河南省主席兼豫北绥靖分区司令及河南省保安司令。后任庐山军官训练团教育长，旋改任第一战区第二十集团军总司令兼三十二军军长，率部至河北晋县（今晋州市）、藁城一带布防，对日军作战。9 月中旬奉命率部保卫石家庄。1938 年 7 月兼任第九战区副司令长官。1939 年初调任洞庭湖警备司令。1940 年初奉调去衡阳任第六战区司令长官，5 月奉调去重庆任军事委员会办公厅主任兼外事局局长。1941 年任印缅军事考察团团长。

1943 年 11 月以高级随员身份随蒋介石参加开罗会议。同年 8 月作为中方代表参加了中、美、英三国战后和平机构会议。后又参加敦巴顿橡树园举行的中、美、英、苏会议。1945 年 5 月奉调回国，任国民政府参军长。1947 年初奉派去日本任“同盟国对日委员会”中国代表团团长。1949 年 3 月辞去驻日代表团团长职，留居日本，以经商为业。晚年虽定居日本，身在异国他乡却念念不忘祖国。1974 年和 1975 年，中华人民共和国国庆期间，曾两度回国参观，其中 1975 年回保定参观访问。1978 年 5 月 15 日病逝于日本东京。后骨灰安放于北京八宝山革命公墓。

孙岳故居

孙岳

孙岳（1878—1928），字禹行，河北高阳人。明末东阁学士、兵部尚书孙承宗后代。孙岳是一位具有进步思想的爱国将领，早年加入同盟会，积极参加反清、讨袁斗争。历任国民军副司令兼第三军军长、直隶督办兼省长、国民政府军事委员会委员等职务，授陆军上将衔。孙岳于1928年病故，终年50岁。孙岳一生清廉，死后安葬于北京温泉显龙山下。孙岳墓是北京市重点文物保护单位。

故居概述

孙岳故居有两处，一处位于莲池区撒珠胡同8号院，另一处是莲池区幸福里街10号院，两套宅院原为一处，城市改造后位于大慈阁小区内。

撒珠胡同8号院，坐北朝南，正房3间，带东、西耳房，东、西厢房均为两开间，保留原建筑风貌。后山墙已改为红砖墙。屋面改为红泥瓦面。总面积约288平方米。

孙岳故居（撒珠胡同8号院）

孙岳故居（幸福里街 10 号院）

孙岳故居（幸福里街10号院）大门正面

幸福里街10号院，坐北朝南，正房3间，带东、西耳房；大门1座，保存较为完好，倒座4间，耳房1间；东、西厢房各2间，西厢房屋面改为红泥瓦面，红砖墙。正房瓦面松动，屋面渗漏，正脊残缺。院内搭设临建。总面积516平方米。大门坐北向南，开在宅院东南角，是一处典型的坎宅巽门的四合院民居，从外观上看，此院院墙墙帽上建有花式女儿墙，显得院墙高大。此宅共三进院落，一进院是倒座房5间，大门东侧有门房1间，大门迎面影壁保存尚好；二进院的垂花门及看面墙均不存，院内有正房3间，两侧耳房各2间，东、西厢房各2间，由于私搭乱建，格局已纷乱不清，二进院与三进院现已不相通，

孙岳故居二进院正房

孙岳故居原三进院正房

孙岳故居背影

隔成了两个院落，两个门牌；三进院改成了向东开了一侧门的独立院落，院内有正房 3 间，东、西厢房各 2 间，门窗已改动。

文物价值

1993 年，孙岳故居——撒珠胡同 8 号院和幸福里街 10 号院由保定市政府公布为重点保护民居。

名人生平

孙岳生于 1878 年，清光绪二十八年（1902 年）参加院试，中秀才。孙岳年轻时为人行侠好义，曾因杀一地痞，逃到五台山出家为僧。光绪三十年（1904 年），保定北洋陆军速成武备学堂招生，孙岳身披袈裟应试，因成绩优秀被录取，毕业后入北洋陆军第三镇任炮兵排长，后任三等参谋。在校期间，孙岳加入革命团体“兴中会”，后转入中国同盟会。光绪三十三年（1907年），孙岳又入保定陆军行营军官学堂二期速成科进修，毕业后仍回第三镇任二等参谋兼将校研究所教官。清宣统三年（1911年）孙岳任步兵第九标第三营管带，参与谋划滦州起义，失败后避祸保定，后去南京，任江北革命军总参谋、苏淞宁扬镇第五路总司令，率军攻下徐州，被南京临时政府任命为第十九师师长，不久被李烈钧委任为庐山牧场督办。1913年二次革命爆发，孙岳被任命为北伐军第一路军总司令，反袁失败后，被迫逃亡。

1917年，孙岳回到保定，任北洋第三师军官教导团团长。1920年7月，直皖战争爆发，孙岳兼任直隶义勇军总司令。第一次直奉战争爆发后，孙岳任直军西路司令，其后兼任冀南镇守使及“剿匪”司令。后任第十五混成旅旅长。1923年9月被授端威将军。1924年9月，第二次直奉战争爆发后，孙岳任京畿警备中将副司令兼北京戒严司令，驻守北京。10月，与冯玉祥一起发动“北京政变”，囚禁了贿选总统曹锟，任国民军副总司令兼第三军军长，率国民军第三军配合国民军第二军在河南打败了吴佩孚的残余势力，北京段祺瑞政府任命孙岳为省长，但其未赴任。1925年1月，孙岳被段祺瑞任命为陕甘豫“剿匪”总司令，亦未赴任。同年5月加陆军上将衔，年底任直隶军务督办兼省长。

1926年初，冯玉祥通电下野，孙岳曾一度代理国民军总司令，抵抗奉、直军阀的联合“围剿”。4月中旬，孙岳随军退到包头，9月抱病参加五原誓师，不久赴上海就医。南京国民政府成立后，1927年6月孙岳任河南省政府委员，10月任国民政府军事委员会委员。1928年寄居上海，同年5月27日病逝。

王占元故居

王占元

王占元（1861—1934），字子春，河北省邯郸市馆陶县人，清末北洋陆军高级将领。民国时期，王占元任北洋陆军第二师师长，驻节保定。

故居概述

王占元故居位于莲池区兴华西路66号，此地原是清代清河道署旧址，所以人们多以“清河道署”称之。清河道署是河北省保存较完整的一座清代道台衙门。清河道为分巡道，始设于雍正四年（1726年），管理保定、正定二府及易州、赵州、深州、冀州、定州五直隶州，并兼管直隶境内苑家口（今霸州城东南9公里）以西、北京以南诸河，全称为“分巡道直隶清河道”。

民国初年，官产变卖，时任北洋陆军第二师师长的王占元将清河道署买下，并将全部建筑推倒重来，特从天津聘请著名设计师重新设计，把一座封建官衙彻底改造成一处民居——王占元公馆。该公馆后

王占元故居一角

王占元故居二门

王占元故居正房

还曾为国民党二十九军军部。

建筑特色

王占元故居占地约 14 000 平方米，建筑面积 1 840 平方米，是一处格局比较独特的民居建筑。整座宅院坐北向南，分为中、东、西三路，大门位于中路正中，是典型的民国初期西洋门的风格，大门两侧各有 2 间临街的倒座房，供传达、警卫之用。中轴线上由南向北规整地排列 4 套院落，花厅及花厅后院位于院落的西侧，东跨院位于院落东侧。进入大门是东西狭长的第一进院，大门正对二门，二门不是垂花门，而是一座高大的中式随墙门。这座门最大的亮点是它的紫檀前门罩，门罩透雕串枝花鸟，色彩绚丽纷呈，极显富丽堂皇之气。进入二门之后，

王占元故居花厅

王占元故居花厅侧面

四进院厢房廊门筒子上的水墨彩画

是前后三进院落，这三进院落的结构和格局基本相同，都是三合院式，每进院落各有硬山布瓦顶的正房 5 间，东、西厢房各 3 间，均无南房，南房的位置建成庑廊；其门窗及柱间楣子均缀以花卉装饰，整个建筑益显华丽。其中二门上的倒挂楣子，透雕精致的串枝花鸟，布局严谨，繁复细腻，精雕细镂，色彩艳丽逼真。现存三进院落、花厅及垂花门、大门，其中垂花门为王占元改为公馆时的建筑，现保存最为完好。四进院东、西厢房廊门筒子上尚存几幅水墨彩画，为宅院平添了几分艺术气息。三进院落之间不是穿堂而过，而是从院落的西北角开侧门，通过穿廊绕行进入各院；西路还保存造型优美的花厅 1 座，是宅主人和宾客憩息休闲的地方，花厅平面呈正方形，卷棚顶建筑，东、西两侧带廊庑。东路的主要建筑是厨房和群房，这些房屋坐东面西建成一排，是当时流行的格局，为服务人员和警卫人员居住所用。

王占元故居群房现状

文物价值

1984 年 6 月，列为市级文物保护单位；1993 年 7 月，列为河北省文物保护单位；2013 年，此处宅院以“清河道署”之名由国务院公布为全国重点文物保护单位。

保护现状

外观保存基本完好，东路群房的原址已经改建成一排红砖房。

保定轶事

王占元在保定投资了不少工商企业，比如与冯国璋合股创建“保定电灯股份有限公司”；又在址舫头兴办保定第一家机粉加工厂“乾义面粉两合公司”，并在厂内办起小学；后来又在淮军公所西院开办铁机织布厂“乾丰织布厂”；在唐家胡同开设“保阳旅馆”等。客观上来说，为保定的工业发展奠定了基础，对保定民族工商业的发展做出了很大贡献。

李英儒故居

李英儒

李英儒（1913—1989），保定清苑人，抗日战争全面爆发后回故乡参加抗日救亡工作，曾任记者、编辑、八路军某部团长，并长期从事地下斗争工作。战争年代曾创作出多部短篇小说，不仅是战场上的勇士，更是文化战线上的优秀战士。

故居概述

李英儒故居位于保定市莲池区总督署广场南胜利街 18 号院（今保定市菊胡同 117-40 号），此院原来是胜利街最高大的院落，原建筑是比较罕见的双重大门的格局，现宅院只存大门、二门及二门内的二进院落。李英儒在创作长篇小说《野火春风斗古城》时曾在这里短暂居住过。1993 年，此院由保定市政府公布为重点保护民居。

建筑格局

此院的垂花门仍存，但已近倾圮，垂花门内是原来的主庭院，院内现存正房

李英儒故居

3 间，两侧各有耳房 1 间，东、西厢房各 3 间，各房之间原有抄手游廊相连，今已不存。

保护现状

由于李英儒故居的使用者都是私人租赁住户，致使该建筑被临建包围着，整体保存情况较差。整座院落年久失修，墙体局部酥碱严重，抱鼓石已损坏，房顶局部坍塌、渗漏。目前，正房和东厢房已挑顶维修。胜利街 18 号院产权属房管局所有。

名人生平

李英儒（1913—1989），笔名黎莺、李家侨，清苑李胡桥村人。16 岁考入保定志存中学，半工半读完成学业，并开始文学创作。抗日战争全面爆发后，回故乡参加抗日救亡工作。1938 年 1 月

李英儒故居大门口石狮子

李英儒故居二大门

李英儒故居二进院垂花门

李英儒故居正房
李英儒故居东厢房
李英儒故居西厢房

参加八路军，先后当过学校教员、宣传队长，主编过游击军政治部主办的《火星报》。同年 8 月改做军事工作，任步兵团长。戎马生活之余，将战斗经历写成文章。从 1940 年开始，先后创作出短篇小说《夜摸城》《新队长》《苏金钟》，报告文学《夜袭安平城》，散文《儿童节的欢愉》《子弟兵打进文安城》，歌词《孩儿离不开娘》《抗日阵营如铁似钢》等作品，分别刊登在《文艺习作》《冀中导报》和《歌与剧》上。1941 年负责《冀中一日》的初审并主编第四卷《战斗的人民》。

1942 年，奉上级指示，李英儒深入古城保定，以教师身份做掩护，在敌伪军中进行分化瓦解工作，并组织工人、市民和学生与日伪军进行各种形式的斗争。1946 年调华北军区政治部敌工部任科长。翌年，任中共中央华北局联络部第一处处长。中华人民共和国成立后，任天津某陆军医院政委兼党委书记，解放军总后勤部文化部副部长、宣传部副部长，解放军总政治部文化部创作组组长。

1954 年利用业余时间创作出第一部长篇小说《战斗在滹沱河上》，被评论界誉为优秀长篇小说，中央人民广播电台全文播放。1958 年创作出第二部长篇小说《野火春风斗古城》，被誉为当代文坛名著，先后被译成日、英、朝、保、俄等多种文字发行国外，还先后被改编为话剧、地方戏和电影。1961 年开始第三部长篇小说《还我河山》的创作。

1979 年出任八一电影制片厂顾问兼《八一电影》杂志主编，为中国电影家协会会员。先后整理和出版了《女游击队长》和《上一代人》两部长篇小说。1981 年人民文学出版社出版了李英儒的长篇小说《还我河山》；同年出版《李英儒短篇小说集》，共收入中篇小说 14 篇。1983 年离休后，李英儒又先后创作出长篇小说《燕赵群雄》《女儿家》《虎穴伉俪》《魂断秦城》《暗香浮月夜》等作品。1989 年 2 月 6 日在北京逝世。

徐水区

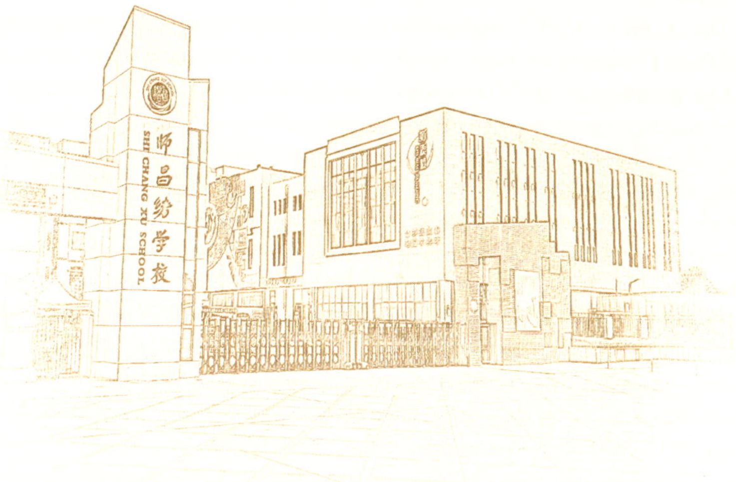

师昌绪故里

师昌绪

师昌绪（1918—2014），我国著名材料科学家、战略科学家，中国科学院、中国工程院院士，国家最高科学技术奖获得者。其故里位于今保定市徐水区大营村。

故里概述

保定市徐水区大营村是一个普通的北方平原农业村。大营村毗邻107国道，交通便利，京广铁路从村西穿过。全村有700多户3 000多人口，其中四分之一姓师。师昌绪幼时就在这里生活。师昌绪对家乡感情很深，现位于大营村中心的文化广场便是由他亲笔题名。

2012年11月24日，师昌绪参加母校徐水小学百年校庆，并为母校出资10万元启动“师昌绪奖学金”。在校庆活动上，师昌绪说：“我在徐水小学上学受益很多，养成了比较勤劳的习惯和团结合作的作风。”师昌绪回顾了在小学

师昌绪母校徐水小学

师昌绪题字：大营文化广场

的求学经历，并深情寄语母校：“小学教育应该说是在整个教育阶段最重要的，因为小学教育能够培养孩子的好习惯。希望独生子女们从小培养团队合作精神，更要培养爱劳动、爱国的好品质。”

2018 年，以师昌绪名命名的师昌绪学校建成，学校 3 座

师昌绪雕像

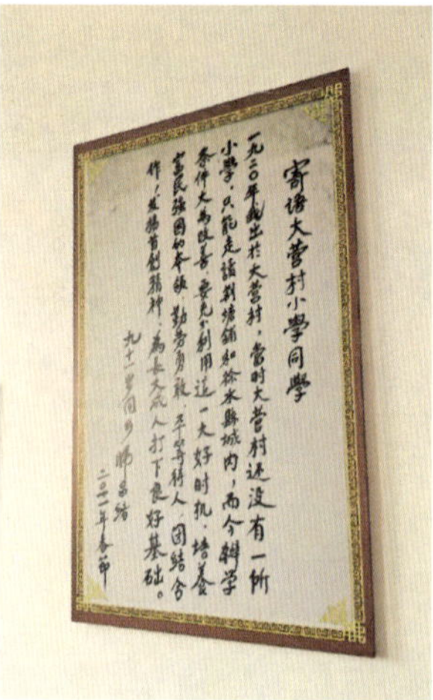

2011 年，师昌绪为家乡大营村小学同学书写的寄语

位于保定市徐水区的师昌绪学校

主体建筑分别命名为“师表楼”“昌学楼”“续志楼”，既融汇着家乡人民对师昌绪的崇敬和怀念之情，同时也激励着徐水学子以师昌绪为楷模，为实现“两个一百年”和中华民族伟大复兴的中国梦而奋发学习，努力成为“有理想、有信念、有思想、有能力”的栋梁之材。

名人生平

1918 年 11 月 15 日，师昌绪出生于保定徐水大营村的一个五世同堂、有 40 口人的大家庭。师昌绪父亲师克和为清末秀才，以教书为业，书香门第的家庭氛围对师昌绪影响颇深。

师昌绪 7 岁入邻村荆塘铺小学，两年后转入徐水县城模范小学（今徐水小学），在全县统考中名列第一。1933 年，师昌绪入县立第一高小，毕业后考入著名的保定第二师范学校。20 世纪三四十年代的中国，军阀混战、日寇入侵，师昌绪立下强国之志，暗下决心要使中国强盛起来。为了实现实业救国梦，中学毕业后师昌绪考入西北工学院矿冶系采矿冶金工程专业。学习期间，师昌绪以优异的成绩获得林森奖学金。1948 年，师昌绪赴美国密苏里大学矿冶学院从事真空冶金研究，他仅用 1 年就完成研究生学习，以全 A 的成绩获得硕士学位。师昌绪接着申请到欧特丹大学的奖学金，继续攻读博士学位。1949 年，中华人民共和国成立，使师昌绪倍受鼓舞，他原本打算读完博士立刻回国效力，却遭到美国政府的无理扣留。师昌绪只好在博士毕业后继续留在麻省理工学院从事博士后研究。为了争取回国，师昌绪、张兴钤、李恒德等人组织留学生两次集体给周恩来总理写信，表达了回国的意愿。经过与美国政府的艰苦斗争，师昌绪终于于 1955 年回到祖国，那年他 35 岁。

在其后数十年的科研生涯里，师昌绪先后担任中国科学院金属研究所所长、中科院技术科学部主任、国家自然科学基金委员会副主任等职务，领导开发了我国第一代空心气冷铸造镍基高温合金涡轮叶片，具有开创性。他被誉为中国高温合金开拓者、“材料医生”。

1980 年，师昌绪当选中国科学院院士，1994 年当选中国工程院院士、副院长，1995 年当选第三世界科学院院士、院长。第三、五、六届全国人大代表，九三学社第七届中央委员会委员，第八、九届中央委员会常委，第十一届中央委员会顾问。

2011 年，师昌绪获得中国国家最高科学技术奖。2014 年 11 月 10 日上午 7

时 7 分，师昌绪因病在京逝世，享年 96 岁。

主要成就

攻坚克难的开拓者

师昌绪是中国高温合金开拓者之一，领导开发了我国第一种铁基高温合金。用这种新材料制作的航空发动机关键部件——涡轮盘装备了大量飞机，为中国航空、航天与原子能工业发展奠定了基础。

20 世纪 60 年代初，由于国际关系的变化，我国工业面临极大困难，特别是高温合金的生产制约着航空工业的发展。师昌绪根据我国缺镍少铬、又受到国际封锁的情况，提出以铁基合金代替镍基合金的科研思路。他和钢厂采用真空冶炼技术，研制出一种可代替喷气发动涡轮盘制作材料的铁基合金。在全国高温合金会战中，师昌绪为发展我国变形高温合金的加工工艺创出了新路子，由他领导的课题组攻克了包套挤压工艺难关。

1964 年，师昌绪接受了研制空心涡轮叶片这项“不可能完成”的任务。在师昌绪的带领下，我国的科研人员仅用 1 年时间就在实验室中做出了比美国难度更大的 9 孔铸造镍基高温合金空心涡轮叶片，使发动机的进气温度一下子提高了 100 ℃，达到了当时的国际先进水平。1966 年 11 月，这种叶片正式投产，结果完全符合设计要求。这项研究成果使我国航空发动机性能上了一个新台阶，只比美国晚了 5 年。而英国在这之后走完这段路程，却整整用了 15 年时间。

高瞻远瞩的战略科学家

师昌绪不仅是科研领域的开拓者，还是一位高瞻远瞩的战略科学家。在 1986 年的技术科学部学部委员扩大会议上，师昌绪发表《实现四化必须重视技术科学，技术科学必须面向经济建设》的报告，阐明了技术科学的内涵和性质以及它对国家建设的作用，并对技术科学的发展方向提出了有益的建议。他还是最早呼吁成立以工程科技为主体的国家最高学术机构的科学家之一。1994 年，中国工程院成立。在我国科技发展，特别是工程技术的进步中，中国工程院都发挥了不可替代的重要作用。

师昌绪一直为我国的科技事业呕心沥血并不遗余力地奋斗着，对国家科技发展中存在的问题表现出强烈的责任心。2000 年，他曾就我国出现的“纳米热”给国务院科教领导小组写了《纳米科学技术的现状及本人对我国如何开展这项工作的意见》的报告，建议国家对“纳米科技”予以重视并指导协调使其有序发展，他的意见很快被国务院采纳。他还倡导并参与编写了我国高强碳纤维的研发与应用等很多关系国民经济发展的咨询报告。

历史评价

2015 年 2 月 27 日，师昌绪当选“感动中国”2014 年度人物。感动中国组委会给予师昌绪的颁奖词是：“八载隔洋同对月，一心挫霸誓归国。归来是他的梦，盈满对祖国的情。有胆识，敢担当，空心涡轮叶片，是他送给祖国的翅膀。两院元勋，三世书香。一介书生，国之栋梁。”

后世纪念

2014 年 11 月 16 日上午 9 时，师昌绪遗体告别仪式在北京八宝山殡仪馆东礼堂举行。时任保定市市长马誉峰参加了告别仪式并撰文《追忆师昌绪先生》以表悼念。

追忆师昌绪先生

2014 年 11 月 16 日，我怀着沉痛的心情前往北京八宝山殡仪馆。

当我到达东礼堂门外时，这里已经聚满了胸前佩戴白花的人，低沉的哀乐，细微的啜泣，空气中弥漫着离别的伤感。和所有人一样，我来送别的是一位老人，名叫师昌绪。此时，他正身披党旗，安静祥和地躺在鲜花翠柏中。当看到这一幕时，我脑海里不禁浮现起与师老交往的点滴。

师昌绪，是我国著名的材料科学家、战略科学家，国家最高科学技术奖获得者，中国工程院原副院长，中国科学院、中国工程院资深院士。11 月 10 日，病逝于北京，享年 96 岁。

1918 年，师昌绪出生于河北省徐水县大营村一个五世同堂的书香门第。在这个紧邻漕河的小村子里，他开始了人生道路的征程。读完小学和高小，然后考上了保定师范学校，再到留学美国，回国从事科学研究，在材料科学领域领军开拓，被称为中国“材料之父”。师老一生，学术成就高不可及，桃李遍天下，为我国科学事业做出了重大贡献。

2010 年 1 月 14 日，师昌绪院士荣获国家最高科学技术奖，受到时任国家主席胡锦涛的亲切接见和颁奖。当师老获奖的消息传来，整个大营村和徐水县都沸腾了，家乡父老奔走相告，师昌绪的名字立刻传遍了古城保定。从保定走出这样一位德高望重、令人敬仰的科学家，我感到无比骄傲和自豪。

2013 年 7 月，师老通过他的族侄孙，转送给我一本他亲笔签名的自传《在人生道路上》。这本书记录了师老走过的 90 年风雨人生历程，从孩提到耄耋，从外出求学到艰难回国，从冶炼第一块金属到创立中国工程院，真实展现了师老平凡而伟大的一生。没有任何华丽的辞藻，没有光鲜艳丽的图片，没有晦涩难懂的专业词语，这本书既朴实又平和，却耐人寻味。带着崇高的敬意，我认真拜读了这本书，感受到的不仅仅是师老的杰出成就、报国热情，更深切感受到了一名中国最高水平科学家的朴实和亲切。

1937 年，七七事变爆发，师昌绪跟随家人南下开始了逃亡历程。离家数十载，师老始终没有忘记过自己的家乡。虽然身处外地，但故乡的建设发展，他时常惦念；只要有家乡的消息传来，师老总会特别关注；对于家乡遇到的困难，他也总是尽力提供帮助。尽管回乡次数不多，但他为这片土地留下了弥足珍贵的回忆。

2011 年，师老回乡省亲，老人虽已

年过九旬，但耳聪目明，记忆力尤佳，介绍过的老乡名字都能记住，还略去姓氏亲切地用名字称呼大家。离开家乡至今70年，鬓发已衰，乡音未改，令乡亲们感慨万分。更让大家意外的是，师老这次短暂的家乡之行结束后不久，当地村支书接到了师老侄子的一个电话，说师老看到家乡的建设后非常高兴，但觉得街道两边和广场四周的路灯有些落后，他想出资为村里全部更换亮度高又节能的LED灯。不出半个月时间，村里的路灯全部"鸟枪换炮"。现在，只要走在明亮的路灯下，村民都会怀念起师老。

师老曾就读于保定第二师范学校，这也是保定学院的前身。2014年1月，已在病中的师老通过新闻了解到，保定学院西部支教优秀毕业生群体的事迹得到习近平总书记高度赞扬，他亲自给这些同学写去了感人至深的一封信："了解到你们扎根边疆教书育人的事迹，我很感动。你们是有理想、有担当的一代，而且还用自己踏实的努力，教育影响着下一代。"他在信中说，作为老校友，看到那些在边疆支教的学生在艰苦的条件下能够不动摇、不退缩、坚守着理想，很欣慰。

师老的孙子曾经这样评价自己的爷爷："人家都说他是个大科学家，我长大了也要做科学家。科学家的样子就是胖胖的，肚皮大大的，每天笑眯眯的老头。"这些话虽然是从一个孩子的口中说出，但我们不难看到一位慈祥、谦逊、平和的长者形象。

2012年初，徐水县在北京举办同乡好友联谊会，计划邀请师老参加，但由于身体原因师老未能到场。心系故乡的师老专门给徐水县县委书记写了一张"请假条"："今天在京召开的2012年庆祝会，我本应前来参加，无奈不久前我从南方归来，身体有些不适，很少出门。怕感冒，过去几次感冒都引起了肺炎，甚至哮喘，所以这次会就请假了，实迫不得已，深表感谢。回想去年回到大营村，蒙县领导和村支书、村主任热情接待，并给了我很高礼遇，感激不尽。"朴实的语言、谦虚的态度、真诚的情感令大家唏嘘。

2014年3月，我去北京开会，闻听师老正在住院疗养，想去医院探望。师老得知后专门给我发来短信："听说您想来医院探望我。由于院方考虑我目前的状态不宜探视，只好遗憾作罢。感谢家乡领导、乡亲对我的关怀。很遗憾，我现在年事已高，不能再为保定做出贡献。不过，我还是很关心家乡的发展。

相信在您的领导下，我们保定会取得更大的成就！再次感谢！”寥寥数语，道出了师老对家乡人民的真挚情感。很遗憾这次见面没有成行，本想等老人身体好转再去探望，却没想到成了终生遗憾。

师老走了，带着人们的崇敬、思念。他那平易近人、真挚善良的品格，淡泊名利、精益求精的作风，实事求是、敬业奉献的精神，都将如他光辉的学术成就一样，长留人间。

马誉峰

2014 年 11 月

涿州市

卢植故里

卢植画像

卢植（？—192），字子幹，东汉涿郡涿县（今河北涿州）人。东汉末年著名政治家、军事家、经学家、教育家、文学家，开范阳（涿州）卢氏文化之先河，被尊为卢氏的中兴始祖和范阳卢氏始祖，是历史上配享孔庙的28位大儒之一。卢植作为政治家曾两次上书朝廷，主张“强干弱枝”、以民为本、革除时弊，其政治主张深受朝野称赞；作为军事家，践行有备无患、不战而屈人之兵的理念；作为经学家，校《五经》续《汉纪》，著有《尚书章句》《礼记解诂》；作为教育家，其弟子有汉昭烈帝刘备、经学家高诱，以及白马将军公孙瓒等。卢植才兼文武，刚毅豪迈，曹操称赞他“名著海内，学为儒宗，士之楷模，国之桢干”，唐太宗尊卢植为圣贤。

故里概述

卢植故里卢家场村位于涿州市东北5公里处，清凉寺办事处东北，地处平原

卢氏宗祠远景
卢氏宗祠近景

地区。涿州市腾飞大街从村东穿过，涿码路穿越村西，京港澳高速涿州北出口位于村北，交通便利。

卢家场村历史上人才辈出，现在是远近闻名的生态文明村。卢家场村紧紧结合对卢氏文化的挖掘和保护，在村里建起了长达 670 米的卢氏文化墙。此外，村里还定期举办卢氏文化知识竞赛，借此对村民尤其是青少年开展传统文化教育。

卢氏宗祠

卢氏宗祠位于涿州市卢家场村内，红墙蓝瓦，绿树掩映，肃穆幽雅。卢氏宗祠坐北朝南，南北长 102 米，东西长 48 米，

卢植墓

占地 5 000 平方米。正门 3 间牌楼，正门南面有影壁，院内东、西厢房各 3 间，悬山式建筑，在中轴线上为卢植墓。整体建筑采用汉代建筑风格，古朴雄浑。

坐北向南的大门上，“范阳卢氏宗祠”匾额鲜明夺目。这里是卢氏家族祭祖之地，而且有广泛且久远的社会影响。“范阳卢氏”使涿州名扬天下，涿州是“世界卢氏祖先的基地”，具体所指就是这个地方。韩国前总统卢泰愚曾为卢氏宗祠题词：“同祖连孙，和睦相交”。

卢氏英才

作为范阳卢氏始祖的卢植，在历史上有极高的声誉。宋朝太宗皇帝所谓“积代簪缨自范阳，尚书光耀千年史”的诗句，是对他由衷的赞颂。卢植以正直的品格、超群的才学和卓著的业绩，开创了卢氏家族“代代出名士”的基业，赢得了生前的名望和死后的不朽，配享于孔庙，名列中华民族古圣先贤之中。

以卢植为始祖的涿州卢氏家族，诗礼传家、有功于国，世代簪缨、历朝显贵，汉末以降，成为北方 4 个高门大姓之一。

因魏晋至隋唐数百年间，涿州名“范阳”，故而卢氏的郡望为“范阳”，涿州卢氏被称为“范阳卢氏”。斯时，家族的郡望是政治地位的标志和文化传承的徽章，因此，播迁于海内外的卢姓族人，大都把自家堂号奉为“范阳堂”。

范阳卢氏是一个人才辈出、声名远播的宗族。仅从三国到唐代，正史记载的卢姓族人就有八百余位。其中有宰相、尚书、刺史、太守、郡守等百余人。佛教禅宗六祖惠能，“初唐四杰”之一的卢照邻，清道光年间的两广总督、涿州人卢坤，都是卢植的嫡系后裔。海外卢氏宗亲中，还有韩国的两位总统卢泰愚、卢武铉。

惠能（638—713），祖籍涿州，生于广东，俗姓卢。年轻时到黄梅东山寺拜访禅宗五祖，因一首偈词“菩提本无树，明镜亦非台；本来无一物，何处惹尘埃”被五祖选为衣钵继承人，成为佛教禅宗六世祖。他主张佛性人人皆有，创立顿悟成佛学说，使从印度传入的佛教中国化，是禅宗的真正创始人，也是中国佛教的真正始祖。惠能的言行录，被其弟子整理成书，名为《法宝坛经》。这部中国特色的佛教经典，以其“佛性论”为世界观，“顿悟说”为方法论，突出了主观能动性，在中国思想史上是一个大跃进。惠能与老子、孔子并称“东方三圣”。

卢照邻（约 636—约 695），唐幽州范阳县（今河北省涿州市）人，字昇之。因文学造诣和诗歌成就，与王勃、杨炯、骆宾王并称为“初唐四杰”。他年轻时深受邓王李元裕器重，曾任新都县尉。后因患风痹病，久治不愈，身心承受了悲苦的折磨，瘫痪了十余年。卢照邻是中国诗歌史上的开创性人物。他前期作品才气横溢、奔放有力，代表作《长安古意》被闻一多赞为“宫体诗中一个破天荒的大转变”，晚年作品多流露凄苦愤懑之情。大诗人杜甫很佩服卢照邻等“四杰”，认为四杰能以纵横的才气，驾驭龙文虎脊般瑰丽的文辞，他们的作品是经得起时间考验的。卢照邻的作品，今存《幽忧子集》七卷。

历史评价

《涿州志》载：“董卓之逆，唯植与争。”因汉昭烈帝刘备少年时曾拜卢植为师，故清代学者朱筠有“扶风经学授康成，别有卢君得更精。弟子终能蜀国主，先生早与董公争”的诗句。

刘备故里

刘备(161—223)，即“蜀汉昭烈帝”，三国时蜀汉的建立者。字玄德，涿郡涿县(今河北涿州)人。汉远支皇族。幼贫，与母贩鞋织席为业。东汉末起兵，参与镇压黄巾起义军的战争。在军阀混战中，曾先后依附公孙瓒、陶谦、曹操、袁绍、刘表。后采用诸葛亮联孙拒曹之策，于东汉建安十三年(公元208年)联合孙权，大败曹操于赤壁，占领荆州部分地区，力量逐渐壮大。旋又夺取益州和汉中。221年称帝，都成都，国号汉，建元章武。次年在吴蜀夷陵之战中大败，不久病死。

“刘关张桃园三结义”的故事可谓家喻户晓。三国时期蜀汉政权的核心人物刘备和张飞均为保定涿州人。其中刘备故里位于今涿州市林家屯乡大树楼桑村。后人为纪念刘备，在今涿州市松林店镇楼桑庙村建起三义宫。三义宫不仅是故乡人民对乱世英雄的纪念，也是对中国传统忠勇仁义精神的尊崇。

故里概述

涿州市林家屯乡大树楼桑村是三国时期蜀汉昭烈帝刘备的故里，而且“大树楼桑”的村名也颇有些来历。据查该村始建于西汉初年，据《帝京景物略》记载，村西北一棵大树，高逾10丈，枝叶繁茂，呈9蓬9层，状如楼，故名大树楼桑。在该村西北方向的4公里范围内，还有几个叫楼桑的村子：楼桑铺，居于大树楼桑村西，因靠近大道开设旅店、商铺以利行人，故名楼桑铺；黄楼桑，居于大树楼桑村西北，因黄姓较多，故名黄楼桑；泰楼桑，

楼桑庙村三义宫远景
三义宫大门口

居于大树楼桑西北，因泰姓较多，故名泰楼桑；楼桑庙村，因村内建有三义宫而得名楼桑庙。这些村的村名主要根据大树楼桑村而来，其源流同属一脉。建有三义宫的楼桑庙村与张飞故里忠义店相隔约 1.5 公里，曾经三分天下的蜀汉君臣本属乡邻。

三义宫

三义宫俗称楼桑庙，位于河北省涿州市松林店镇楼桑庙村建筑东北隅，据记载三义宫始建于隋，重建于唐乾宁四年（897 年），金、元、明皆有重修，距今已有 1 400 多年的历史。三

义宫为纪念刘备、关羽、张飞桃园结义而建，是中华民族以“义”为主题的唯一寺庙。

建筑特色

三义宫曾被毁于 20 世纪 60 年代末期，1996 年涿州市对其进行了修复。重建后的三义宫，其建筑形式具有中国古代建筑对称式的特点，整座庙宇由三进院落组成，以主体建筑为中轴线，由外向里依次为山门、马神殿、关羽殿、张飞殿、正殿、少三义殿、退宫殿、五侯殿等。进山门后向前即为马神殿，马神殿内供奉着刘备的坐骑“的卢”和关羽的坐骑“赤兔”。东配殿和西配

三义宫正殿
三义宫结义亭

殿分别供奉着关羽和张飞，并且用塑像的形式再现了关羽“錾打姚斌”和张飞“鞭打督邮”的故事。

正殿为整座庙宇的主体建筑，中间供奉汉昭烈帝刘备，左后为汉寿亭侯关羽，右后为桓侯张飞，东是诸葛亮、庞统等文臣，西是黄忠、赵云等武将；后殿主要分三部分：少三义殿、退宫殿、五侯殿，分别以塑像的形式表现了少三义情同手足、刘备爱民如子、五虎上将的壮志豪情及诸葛亮、庞统的雄才伟略。三义宫共有塑像 87 尊，生动地展现了三国时期轰轰烈烈的场面，让人们回忆起那段久已逝去的刀光剑影的历史。

三义宫马神殿

三义宫内景

三义宫九龙碑

建筑历史

涿州三义宫，位于刘备故里大树楼桑村西北方向，其所在地为楼桑庙村。传说，当初原想建在刘备故里大树楼桑村，但运送砖瓦的马车走到此处怎么也走不动了，人们认为这里是风水宝地，就把庙宇建在了这里。

三义宫原名蜀先主庙，元代改名为汉昭烈帝庙。明正德三年（1508 年），武宗皇帝亲赐玺书“敕建三义宫”。

历史上的三义宫，整座庙宇规模宏大，气势雄伟；宫内古柏参天，高大俊秀；人物塑像栩栩如生，是华北地区最大的木雕塑像群。

文物价值

千百年来，刘关张桃园结义的故事世代相传，随着古典名著《三国演义》的广为传播，桃园结义的故事传遍五湖四海，妇孺皆知。历代帝王、将相、文人、墨客纷纷来访楼桑村，寻千古一拜，觅忠义之魂，在此留下了众多咏史怀古的不朽诗篇——楼桑村成了三国文化的发祥地。

历史评价

《三国志·先主传》这样评价刘备：“先主之弘毅宽厚，知人待士，盖有高祖之风，英雄之器焉。”

后世纪念

自古以来，楼桑村一带的百姓们把每年农历三月二十三作为刘备诞辰之日，举行盛大的祭祀活动，届时各方百姓云集于此，方圆数十里的乡邻都纷纷到此赶庙会，各家商号争相开业，小商小贩、江湖艺人蜂拥而至。有诗赞曰：“父老相携载酒游，果然春社胜于秋。汉家宫殿皆禾黍，赢得荒村尚姓刘。”当地庙会自元代列为涿州八景之一，清代乾隆时期名曰“楼桑春社”。楼桑庙村自 2000 年恢复了“楼桑春社”的民俗活动，“楼桑春社”成为涿州市每年一度的文化庙会。

张飞故里

张飞（165—221），字益德。三国时期蜀汉著名将领。张飞幼年习武，拜师王养年，白日识文断字，夜晚习武练功，18岁与刘备、关羽结为异姓兄弟，变卖所有家产跟随刘备、关羽压制黄巾起义。“一把铁枪扶社稷，三尺铜剑振乾坤，先生不知余名姓，赤胆黑面老将军”，讲的就是张飞。

故里概述

张飞故里忠义店村隶属于涿州市桃园办事处，位于涿州城区西南，距涿州市区3.5公里。传说忠义店最早叫桃庄，东汉末年，刘备、关羽、张飞就是在此桃园结义，共盟生死。后来因张飞声名煊赫，此地便称为张飞店。后人以其一生“忠义”，现将其故里称为忠义店村。现保有“张飞古井”“汉桓侯祠”等文物古迹。

文物古迹

张飞古井

张飞古井，据传乃三国时张飞储肉所用。清康熙三十九年（1700年），知州佟国翼重修并立碑为记，石碑正面书“桓侯古井”。1963年水患，井坍碑倒。1984年又依原貌重修。井台上立原碑，砌原井口。台下南侧有一饮马石槽属旧物，保存完好。1992年5月，该古井被列为涿州市文物保护单位。

汉桓侯祠

汉桓侯祠，俗称张飞庙，原建筑毁于20世纪70年代，只存有明、清重修碑。现汉桓侯祠于1993年重新复建，已成为对外开放的旅游文化景区。2005年7月，

忠义店村张飞古井
汉桓侯祠结义亭

涿州市人民政府公布汉桓侯祠为市（县）级文物保护单位。

汉桓侯祠整座庙宇建筑皆仿清式法，且施以传统彩绘。庙为三进院，南向， 按轴线由南向北依次排列为山门，单檐歇山顶 1 间；马殿，单檐歇山顶 3 间；正殿，单檐抱厦卷棚歇山顶 7 间；东西单檐硬山顶配殿各 3 间；享堂，单檐歇山顶 1 间；张飞墓，圆丘形式。马殿内塑有张飞坐骑乌骓马及马童。回廊抱厦的正殿大门悬一块乾隆帝题的“万古流芳”匾额。廊柱上一副楹联，为乾隆御笔：“雄赳赳吓碎老曹肝胆；眼睁睁看定汉室江山。”正殿塑有张飞坐像， 傍祀文官、家将等像。

忠义店村汉桓侯祠鸟瞰

汉桓侯祠桃园雕塑

汉桓侯祠对面建有桃园，占地1 793.4平方米，有桃树99棵，有刘关张三结义塑像和“张飞古井”亭及清代重修古井碑，再现了当年桃园结义的情景。东汉末年，刘备、关羽、张飞在张飞家的桃园对天地盟誓，结拜为弟兄，从这里走上军事、政治舞台，他们同心协力、信守誓言、终生不渝，终百折不挠，共创大业。他们结义的桃园，成了有志之士心中的圣地；他们的忠义精神，深受世人崇敬；他们的誓言，最终演变成中华民族“忠义、诚信”的“义”文化。

名人生平

张飞，字益德，又称翼德，东汉末年涿郡涿县人，三国时期蜀汉重要将领。他军事上颇有胆识，性情刚烈，勇猛善战，是著名的蜀汉三杰之一。对部下过于严厉，死于暗杀，谥桓侯。《三国志》中载："张飞，字益德，涿郡人也，少与关羽俱事先主。羽年长数岁，飞兄事之。"

张飞勇猛善战，与关羽同称"万人敌"。《三国志》中记载了他据水断桥、义释严颜、大破张郃的英雄事迹。

据水断桥

东汉建安十三年（208 年），曹操挥师南下，刘表病死，刘琮投降。刘备得知后南逃，数十万百姓相随，曹操派遣曹纯率领虎豹骑急追一日一夜，于当阳长坂追到刘备，刘备军被击溃，只率领诸葛亮、张飞、赵云等数十骑逃走，并派张飞断后。张飞据水断桥，与曹军对峙。《三国志》中记载他"瞋目横矛曰：'身是张益德也，可来共决死！'敌皆无敢近者，故遂得免"。

义释严颜

建安十八年（213 年），刘备与刘璋决裂，军师庞统中流矢身亡。张飞、诸葛亮、赵云等领荆州兵入川增援。大军到达江州，江州守将严颜据守不降，张飞将其攻破，占领江州，并生擒严颜。张飞对严颜大喝道："大军到来，你怎么不投降还敢与我大战！"严颜回道："你们无理侵夺我们疆土，我们这里只有断头将军，没有投降将军！"张飞大怒，令牵下去斩首，严颜面不改色大声说道："斩首就斩首，你发的什么怒！"严颜拒降的豪气感动了张飞，张飞将其释放，并引为上宾。严颜也被张飞的义气感动，终于归降。

大破张郃

建安二十年（215 年），曹操击败汉中张鲁，留夏侯渊镇守汉中，同时命令张郃继续向巴西郡进军。张飞率军与张郃相拒 50 余日。张飞率领精兵万余人主动进攻张郃，张郃率兵迎击，张飞将张郃引到瓦口关，山道狭窄，张郃军前后不得救应，被张飞打得大败，张郃为了逃命，只得放弃战马攀山而逃，率领部下十余人逃到南郑。巴西郡自此平定。

以短取败

蜀汉章武元年（221 年），刘备称帝，张飞被封为车骑将军，领司隶校尉，进封西乡侯。同年 6 月，刘备为关羽报仇，出兵伐吴，让张飞从阆中出兵江州。因为张飞敬爱君子但从不体恤士卒，刘备常常告诫张飞："你经常鞭打健儿，但之后还让他们在你左右侍奉，这是取祸之道。"果然，

张飞雕像

张飞临出兵前，被其麾下将领张达、范强（演义中误写作范疆）谋杀。张飞军营都督奏表给刘备，刘备听闻后不由得叹道："噫！飞死矣。"蜀汉后主追谥张飞为桓侯。

历史评价

张飞为人勇猛，战功赫赫。后人有诗称赞他："一把铁枪扶社稷，三尺铜剑振乾坤，先生不知余名姓，赤胆黑面老将军。"

《三国志》评说："关羽、张飞皆称万人之敌，为世虎臣。羽报效曹公，飞义释严颜，并有国士之风。然羽刚而自矜，飞暴而无恩，以短取败，理数之常也。"

根据有关资料记载，张飞还是一位著名的书法家。《涿县志》载有两首诗，一首是吴镇的："关侯讽左氏，车骑更工书。文武趣虽别，古人尝有余。横矛思腕力，繇象恐难如。"一是纪昀的《涿州道中杂咏范阳旧事》（其二）："慷慨横戈百战余，桓侯笔札定然疏。哪知拓本摩崖字，车骑将军手自书。"今人柳博庆在《正楷书法家的简历和逸闻》中也说："我国书法家并不限于文人，武将亦不少，如张飞、岳飞等。"

后世纪念

唐建中三年（782年），礼仪使颜真卿向唐德宗建议，追封古代名将64人，并为他们设庙享奠，当中就包括"蜀车骑将军西乡侯张飞"。同时代被列入庙享名单的有关羽、张辽、周瑜、吕蒙、陆逊、邓艾、陆抗。

北宋宣和五年（1123年），宋室依照唐代惯例，为古代名将设庙，72位名将中亦包括张飞。北宋年间成书的《十七史百将传》中，张飞亦位列其中。

郦道元故居

郦道元雕像

郦道元（约 470—527），字善长。范阳涿州（今河北涿州）人。平东将军郦范之子。南北朝时期北魏官员，地理学家。幼年时跟随父亲访求水道，博览群书，游历很多地方，考察河道沟渠，搜集有关的风土民情、历史故事。郦道元是中国游记文学的开创者，其对后世游记散文的发展影响很大。

故居概述

郦道元故居位于涿州市道元村中，重建于 1995 年，占地 3 493.12 平方米。故居坐北朝南，有两进院落。正房 5 间，内塑有郦道元执笔潜心撰写《水经注》仿铜像 1 座，两侧有大型山水人物壁画，东西配房各 3 间，内展有各代咏郦道元故居诗词和咏郦亭诗篇。建筑风格均为仿汉式，单檐悬山顶。

名人生平

北魏孝文帝延兴二年（472 年），郦

郦道元故居

道元出生于涿州郦亭（今涿州市道元村）的一个官宦家庭。他的父亲郦范年少有为，在太武帝时期，给事东宫，后来以他优秀的战略眼光成为一位优秀的军师，曾做过平东将军和青州刺史。郦道元也先后在平城（北魏首都，今山西省大同市）和洛阳（公元 493 年北魏首都南迁到这里）担任过骑都尉、御史中尉和北中郎将等中央官吏，并且多次出任地方官，做过冀州（今河北省衡水市冀州区）长史、鲁阳郡（今河南省平顶山市鲁山县）太守、东荆州（今河南省南阳市唐河县）刺史、河南（今洛阳）尹等职务。 郦道元的前半生，正值北魏鼎盛时期。439 年，北魏太武帝统一北方之后，经过献文、文成等诸多帝王的励精图治，至后来的北魏孝文帝的积极改革，北魏国力日渐强盛。郦道元也跟随孝文帝等人致力于统一大愿的实现。然而，在孝文帝死后，北魏国内矛盾开始激化，从公元 500 年开始，国力逐渐走下坡路。至 527 年，六镇叛乱，四方叛乱揭竿而起。国家逢多事之秋，

善长居

郦道元慷慨殉国。长空孤雁鸣，秦山鸟悲歌，在流星闪过之时，一代英豪就此陨落。

郦道元一生仕途坎坷，未能尽用其才。郦道元曾在任职地区大力推行汉文化，促进当地文化的发展。他为官正直严猛、刚正不阿、执着认真、上下一视同仁，不因权豪犯法而有所宽容。郦道元为官期间，“执法清刻”，“素有严猛之称”，颇遭豪强和皇族忌恨。北魏孝昌三年（527 年），郦道元在奉命赴任关右大使的路上，雍州刺史萧宝夤受汝南王元悦怂恿派人把郦道元一行围困在阴盘驿亭（在今陕西省西安市临潼区东）。亭在冈上，没有水吃，凿井十几丈，仍不得水，最后力尽，郦道元和他的弟弟道峻以及两个儿子一同被杀害。遇害后，被葬于长安城东，后迁葬故里。朝廷连赠他为吏部尚书、冀州刺史。

郦道元自少年时代起，就博览群书，访求名胜古迹。撰《水经注》40 卷、《本志》13 篇，都为后世传诵。《水经》旧说为汉代桑钦著，经清代学者考订为三国时期的作品，是我国古代的一部记述水系的专著，文字极为简单。郦道元因其不能说明问题，才为之作注，旁征博引，细加考订。他查阅了数以万计的典籍，才找到说明问题的根据。在《水经注》中引证古籍437部之多。郦道元没有到过江南，又生活在动荡的年代里，但他并不因此而畏难，极力想办法搜寻资料，终于完成了这部巨著。注文补充并阐明《水经》所记的水道情况，纠正了《水经》某些谬误，辨析了一些不可信的传说。郦道元非常注意水道与民生的关系，因而注文对水利灌溉和洪水泛滥灾害都做了详细的记述，为农业生产、水利交通、规划工程建设提供了宝贵资料。

历史评价

《水经注》全书30多万字，详细介绍了我国境内一千多条河流以及与这些河流相关的郡县、城市、物产、风俗、传说、历史等。《水经注》文笔清丽，记述和描写都很具体，因山记水，因地记事，不仅描绘山川面貌，而且介绍风土人情，还记有历史古迹和神话传说，为后人研究历史及自然环境的变迁提供了宝贵的资料。《水经注》全面而系统地介绍了水道所流经地区的自然地理和经济地理等诸方面内容，是一部历史、地理、文学价值都很高的综合性著作，入选中国世界纪录协会中国第一部水文地理专著，是古代水文地理的又一项中国之最。《水经注》文笔雄健俊美，既是古代地理名著，又是山水文学的优秀作品，是一部具有文学价值的地理著作。

唐代的《元和郡县图志》、宋代的《太平寰宇记》以及元、明、清的《一统志》和明、清以来的地方志，无不以此为根据。《水经注》的某些章节，可称为优美的游记散文。《三峡》就是一例，仅用150余字，就把两岸岩嶂重叠、绵延不断的山峰和峡谷突显眼前，给读者留下深刻的印象。《水经注》和裴松之的《三国志注》、刘孝标的《世说新语注》被称为我国古代典籍中的三大名注。

后人评价郦道元："文章博洽，为儒者宗。水经有注，禹贡同功。考据天官，经纬融通。鲁阳安定，勋奇绩雄。流辉史乘，俎豆攸崇。"毛泽东评价《水经注》的作者是一位了不起的人。日本地理学家米仓二郎称郦道元是中世纪世界上最伟大的地理学家。郦道元为地理学的发展做出的巨大贡献，得到了历史的肯定，他是推动我国地理学前进不可缺少的坚实力量。

博野县

颜元故里

颜元画像

颜元（1635—1704），原字易直，更字浑然，号习斋，清初儒学大家、思想家、教育家。博野县北杨村人。颜元一生主要从事教育活动，培养了众多学生，其中有记录可查的有 100 多人。其学生李塨继承和发展了颜元的学说，形成了“颜李学派”。颜元思想的核心是“实践”和“务实”，他创办的学校“习斋”，开创了中国新式教育的先河。其实事求是、实践务实的思想，成为中国现代社会普遍认同的核心理念。颜元从学习宋明理学到反对宋明理学，在游学中不断提高，在身体力行中感悟宋明理学之非，遵孔孟之道而创新。他提倡“躬行践履”“经世致用”，提倡实文、实体、实行、实用，反对空谈，反对“静坐读书”，抨击八股科举取士。经过长期的思考和实践，逐渐形成了以实践和务实为特点的颜元实学，集传统实学大成于一身。他北上辽东，南游中原，问学辩难，影响遍及海内，被誉为“北学之宗”。

故里概述

颜元故里博野县北杨村是战国古村。战国时期，3 个杨姓族人流浪到地处燕南赵北的博水流域，在古漳河南岸定居下来。这里人烟渐稠，聚成村落，名杨村。明永乐年间，为与县境的同名村庄相区别，更名北杨村，村名沿用至今。北杨村古来物阜粮丰，为博野西北富庶之地。民国时期北杨村是棉花集散地，商号林立，行旅繁华。北杨村是四存中学和颜习斋祠堂所在地。

颜习斋祠堂

颜习斋祠堂位于博野县北杨村西北部，是为纪念颜元而建。颜习斋祠堂的前身是颜元创办的学塾习斋。清康熙四十三年（1704 年），弥留之际的颜元遗嘱以习斋为门人公聚学习之所。颜元去世后，门生李塨等共议在习斋悬挂“习斋学舍”匾额，书写 “颜习斋先生神位”神牌供于习斋，以每年二、八月上辛日集会祭祀，讲习颜元实学。这就是最早的颜习斋先生祠堂。

颜习斋祠堂原为清代建筑，现祠堂还是在原址。颜习斋祠堂整个建筑平面成长方形，呈一殿、二阁、四厢房、九门九对的格局。祠堂大门为硬山式顶，前设五级汉白玉台阶，汉白玉石狮一对，门额悬有“北学之宗”匾，徐世昌题。门楼内东、西有对称的暖阁，暖阁朝南各开一方棂格木窗。进大门后就是前院，前院东西两侧各有一室。二门是四柱亭式歇山顶门楼，门额悬齐书楷题字“道冠群儒”匾，门柱对联是“著论能补心性空，抱道不辞筋力苦”，为徐世昌所书。二门北面悬挂蒋世芬题“昆明圣学”匾。内院北为正殿，东西各为配殿，正殿存有于成龙题“敦伦风仁”匾，正殿前有王凤祥、蒋世芬等人书丹碑。殿内挂有堤圈村民送“守先待后”匾，殿堂正中悬挂颜元画像。整个建筑布局严谨大方、古朴典雅。

颜习斋祠堂

1919 年，徐世昌拜谒颜习斋祠堂，提倡颜李学说，拨款修缮。

1963 年，河北省文物局对祠堂进行修缮。

由于“文革”期间破坏严重，大门、二门、厢房、耳房夷为平地，仅余正堂 3 面山墙、4 根廊柱。1993 年，河北省文物局拨款修复正堂 3 间和院墙。1995 年，河北省人民政府确定颜习斋祠堂为省级文物保护单位。1996 年 5 月北杨村村民捐资为颜元先生塑像。

历史评价

颜元是我国历史上著名的教育家、思想家、哲学家，在中国教育史、中国哲学史和中国思想史上，占有极其重要的地位。2006 年，颜元被评为“影响中国历史进程的名人”。

颜元终生力倡实学，身励实行，提倡实文、实行、实体、

颜元文化展室牌匾

实用，他是历史上最重要的反对程朱理学的思想家。他博览群书，胸怀大略，敢于对两千年来的虚浮文化进行彻底批判，在政治、经济、军事、教育等诸多领域，提出并实践了前所未有的新思想。他创办的学校“习斋”和主持规划的漳南书院，是中国新教育的里程碑。

在学术上，颜元登上了实学的顶峰，被奉为“北学之宗”。他的思想对中国近代社会，乃至当代社会，都产生了极其巨大的影响。其实事求是、实践务实的思想，成为中国现代社会普遍认同的核心理念。他的思想还远播东洋，传入欧美，引起世界范围学者的重视。

即便在程朱理学占统治地位的清代，颜元的思想成就也得到了社会的认可与推崇。颜元去世后被崇祀乡贤，后来甚至进入孔庙，成为最后崇祀孔庙的大儒。在民国时期，学界掀起了颜元思想研究的高潮，成立了四存学会，创办了四存学校，培养了大批文武兼备的人才。

近、现代学者如戴望、章太炎、梁启超、胡适等莫不对颜元推崇备至。梁启超对颜元思想给予了充分肯定，他说：“有清一代学术，初期为程朱陆王之争，次期为汉宋之争，末期为新旧之争。其间有人焉举朱陆汉宋诸派所凭借者一切摧陷廓清之，对于二千年来思想界，为极猛烈、极诚挚的大革命运动。其所树的旗号曰‘复古’，而其精神纯为‘现代的’。其人为谁？曰颜习斋及其门人李恕谷。”戴望甚至称赞颜元为“百世之师”。

近、现代的许多政治家如徐世昌、李大钊、蒋介石、毛泽东等，都受颜元思想的深刻影响。颜元的名言警句，经常被引用，如2014年五四青年节习近平在北京大学考察时鼓励北大学子时引用颜元名句：“圣人是肯做工夫的庸人，庸人是不肯做工夫的圣人。”

后世纪念

四存中学

民国时期，针对内忧外患的现实，学术界掀起了颜元思想的研究热潮，他们试图通过研究、宣传颜元实践务实的思想，来实现富国强民的愿望。学术界大力提倡颜元实说，成立四存学会，既颜元著《存性》《存学》《存治》《存人》四编，本着颜元务实实践的精神，在全国各地创办四存学校，救亡图存，掀起了实学救国的高潮。博野北杨村四存中学是其中的典范。北杨村四存中学在教育家梁漱溟的指导下，开展了一系列以颜元的实学思想为核心、以改造社会为宗旨的新式教育，培养出了众多提笔能文、下地能生产、拿枪能保家卫国的优秀人才，在全国产生了重大影响。四存中学的大部分学生都投身于革命事业中，为抗战事业、解放事业和建设新中国做出了贡献。

四存中学遗址在今北杨村北孝义河两岸，占地约130 000平方米，在抗日战争期间拆毁，地表今存四存桥遗址、习斋桥遗址、发电厂遗址。

颜元文化广场

颜元文化广场位于县政府旧址博野县城中心位置，博兴中

颜元文化广场

路南侧，占地 16 000 平方米。广场以颜元的名字命名。广场平台正中矗立着颜元的汉白玉雕像。中间一列 10 根文化石雕柱，展示博野悠久的文化和经济发展历史，石雕的主题分别是“丝弦、武术、花会”“孝义河的传说”“兴国寺石塔”“徐恭拾金不昧”“革命先驱——王志远”“天文学家——程茂兰”“生物学家——牛满江”“支柱产业——脱水菜、金属线、输送带等”“欢乐、安宁、向上、收获”。颜元文化广场成为博野文化标志性建筑。

公祭典礼

纪念活动

1922 年至 1937 年，北杨村四存小学、四存中学师生每年在颜元诞辰、忌日到颜习斋祠堂、颜元墓凭吊。每年来学校视察、参观的各界人士也都去颜习斋祠堂和颜元墓凭吊。

改革开放以后，北杨村村民每年春节期间举行活动纪念颜元，附近民众在颜元诞辰、忌日以及农历每月初一、十五到颜习斋祠堂凭吊颜元。

2015 年 4 月 27 日，博野县各界以及来自全国各地的专家学者在北杨村颜习斋祠堂隆重举行纪念颜元诞生三百八十周年公祭典礼。

程茂兰故居

程茂兰

程茂兰（1905—1978），字畹九，1905年9月18日出生于河北省保定市博野县沙窝村。其故居位于沙窝村中部偏南，南北街道东侧，建于20世纪20年代，整体风格为20世纪二三十年代冀中平原典型的农家院落。在这个看似普通的冀中农家院落里，先后走出了3位不平凡的人物：天体物理学家程茂兰、冀中早期金融界的老干部程茂山、被称为“程解放”的程宝怀。

故居概述

程茂兰故居占地400平方米，有大门、正房5间、西配房4间，砖木结构，建筑用砖为冀中一代常见的青砖，门窗为榆木材质。大门开在宅院西南角，门洞顶部为砖砌半圆拱形结构，宽2.075米，高2.35米。木质对开大门两扇，俗称大梢门。正房和西配房门窗顶部为半圆砖拱结构。正房分两部分，东侧3间和西侧2间各开有正门，

程茂兰故居
程茂兰故居正房近景

门楣上方砖雕门楼，青灰打底，饰以彩绘，窗户为八格花棂木窗。西配房开一个门，窗户为七格花棂木窗。

保护现状

如今的程茂兰故居，除了东墙被拆除外，其他部分保存完

程茂兰故居大门

好。近百年的老宅，门窗油漆脱落，木质暴露，透出古朴与沧桑，虽陈旧却不乏精致。正房和配房门框上楹联痕迹斑驳，依稀可以辨认出“尊祖宗、教子孙”字样，这一切似乎诉说着彼时这个殷实家庭的文化传承。

名人生平

程茂兰1924年毕业于河北省立保定第六中学。1925年秋毕业于河北北安河留法预备学校，并赴法勤工俭学。1926年在法国查尔中学补习班学习，半工半读。1927—1929年在拉尔斯综合工科学校学习，半工半读。1929—1932年获中法大学资助进入雷蒙大学数理系学习。1932年获得学士学位后，在法国国立科学研究中心奖学金资助下进入里昂大学数理系攻读硕士学位。1934 年获得硕士学位后跟随迪费（Jean Dufay）攻读天体物理学。1939 年获得法国国家数学科学博士学位，同年在法国里昂和上普罗旺斯天文台工作。1942 年任法国里昂天文台和上普罗旺斯天文台副研究员，1945 年任研究员。1949 年 10 月成为法国国家研究中心的研究导师。1956 年获法国教育部骑士勋章。1957 年 7 月绕道瑞士回国，担任北京天文台筹备处主任，一级研究员，旋任北京天文台第一任台长。1962 年任中国科学院数理学部天文委员会副主任委员。1962 年 8 月至 1978 年任中国天文学会第二和第三届理事会副理事长。1965 年兼任北京天文台恒星物理研究室主任。程茂兰先后被选为第二和第三届全国人民代表大会代表。

后世纪念

2008 年 11 月，经国际天文学联合会小天体命名委员会批准，由中国科学院国家天文台兴隆站发现的国际永久编号为第 47005 号小行星被正式命名为程茂兰星。

2017 年，为了纪念程茂兰对中国天文事业做出的贡献，在程茂兰的故里博野县沙窝村建成程茂兰科技天文馆，展出程茂兰的生平事迹和成就。

牛满江故里

牛满江

牛满江（1912—2007），美籍华人，生于河北省保定市博野县东呈召村，著名生物学家，在世时对促进中美交流、两岸文化往来做出了重要贡献。

故里概述

牛满江故里位于博野县程委镇东呈条村。程委镇地处冀中平原中部，三河（磁河、沙河、孟良河）汇流而成的潴龙河在程委镇北部穿过。这里既是北宋理学创始人程颐、程颢的祖籍地，也是抗日战争时期的抗战老区，还是省级非物质文化遗产博野花鼓落子的诞生地。2015 年，程委镇被评为河北省民俗文化名镇。

名人生平

牛满江早年就读于家乡的解村小学和保定同仁中学。毕业后考入北京大学，1936 年毕业于北京大学生物系并留校任助教。1937 年卢沟桥事变，日军侵占北平后，他化装逃出，经天津、青岛、济南，到达南京，由南京的北大办事处派去长沙，就职北大、清华、南开三校组合的临时大学。6个月后，因日军进攻九江，临时大学南迁昆明，并改名为西南联大，牛满江是被派去筹建理学院校舍的三人之一。1944年，牛满江作为北京大学派出的第一批留学生赴美深造。1962年被美国坦普尔大学聘为终身教授，1970年当选为台湾中山科学研究院院士，载入美国科学家名人录。1973年，受到周恩来接见。美国总统布什曾多次接见牛满江，并把代表家族荣誉的金质领带夹和胸花送给牛满江夫妇，以感谢他为中美交流所做的贡献。1977年8月17日，邓小平接见牛满江夫妇，同牛满江对中美科技交流、两岸文化往来、统一大业以及他的工作深入交换了意见。牛满江建议国内设立博士后流动站，作为国内顶尖人才进行科学实践和研究的基地，这对后来国内博士后工作发展产生了深远的影响。牛满江晚年致力于培养优秀人才、促进中国生命科学的研究和教育事业的发展，在北京成立了牛满江基金会。2007年11月8日，牛满江在北京逝世。

科学成就

牛满江从1953年起就一直潜心于“核糖核酸在发育中的独特功能”的研究，成功地创立了“外基因学说”（Theory of Epigene），开创了人工培育新物种的新思路，是人类在生物遗传工程方面研究的一大突破。牛满江因此获得了“利利学术”奖及“古根海姆”奖。鉴于他的科学研究成就，坦普尔大学授予他终身教授荣誉，他的名字被载入美国科学家名人录。

情系故土

1972年，中美签署上海公报以后，牛满江携夫人赴华省亲。1973年，时任中华人民共和国国务院总理的周恩来接见了牛满江。此后，牛满江每年赴华，在中国科学院发育生物学研究所牛满江实验室工作8个月。牛满江凭借自己热忱的爱国心和卓越的科研成就架起了中美科技合作的桥梁，成为中美关系正常化的开拓者之一。牛满江得到周恩来、邓小平、胡锦涛等国家领导人的肯定和重视，并受到他们接见。布什父子也多次接见过牛满江教授，感谢他为中美交流所做的贡献。

为实现自己对中国几代领导人的承诺，牛满江每天在实验室工作8小时以上，周六、周日也不休息。在华工作期间，牛满江和中国著名生物学家童第周教授共同研究了动物胚胎移植，并获得成功，填补了世界空白。

1978年，牛满江打破禁令，接收了

坐落于博野县解村小学的
牛满江雕像（2012 年）

中科院派往美国的访问学者。他积极帮助中科院筹建“发育生物学研究所”（IDB），为其争取洛氏基金及联合国的资助。1980 年 7 月 25 日，研究所奠基建所，他受中科院聘请担任了科学顾问。此外，牛满江还担任了中国 30 多所大学及科研机构的名誉教授、顾问。除进行科研、讲学外，牛满江还为中国引进先进实验技术，赠送一些仪器、试剂等。他在美国团结美籍华人学者，宣传中国建设成就，号召美籍华人为中国经济发展出力。他还关心中国留美学生，帮助留美学生解决生活、学习上的困难，为中国留美学生创造了良好的学习、科研和工作条件。

晚年，在他的主持下，以培养优秀人才、促进中国生命科学的研究和教育事业的发展为宗旨的牛满江基金会也在北京成立。借助中外有识之士的支持和捐赠，基金会在促进国际学术交流方面发挥了巨大作用。

定兴县

鹿传霖故居

鹿传霖

鹿传霖（1836—1910），字滋轩，定兴西江人。清同治元年（1862年）进士。曾任四川总督、广东巡抚、两广总督等职。

故居概述

鹿传霖故居位于定兴县城东南隅南大街22号，始建于明崇祯十年(1637年)，经后来几次扩建而成。故居原为占地面积10 000平方米的大型建筑群，但至今绝大多数建筑已被拆除或倾圮无存。鹿传霖故居坐北朝南，是一座典型的四合院式民居。据说，当年的鹿氏祠堂建筑造型独特，院内树木林立，园中有园。即使是鹿氏祠堂规模最为宏大的时候，占地面积也不大。岁月的铅华洗尽，现在已经没有了以往的繁华痕迹，往昔的建筑大都在“文革”及以后夷为平地，只剩下了唯一的一处四合院。

建筑特色

鹿氏家族于明、清乃至民国时期在定

鹿传霖故居北房现状
鹿传霖故居局部现状

兴县影响很大，现存的故居部分建筑也是定兴城内很少的明清建筑，其结构保存了古代北方民居建筑特点，布局为典型的四合院式、二进院式布局。北房5间为双坡起脊硬山瓦房，东、西夹间各3间为双坡起脊硬山瓦房，南面前为双坡起脊硬山瓦房，后为褡裢式檐房卷棚顶回廊式建筑，具有较高的欣赏、保存和利用价值。

建筑历史

定兴城内的鹿传霖故居始建于崇祯十年（1637年），最初是因鹿氏家族第九世祖鹿善继为抗清兵守定兴城而殉难，故于殉难处立碑建祠。后于清康熙年间鹿谦吉捐资修建，清乾隆年间由鹿荃扩建家庙等，将其世祖供奉于此，清嘉庆年间邑侯赵锡蒲倡议重修太公祠。

文物价值

2002 年，鹿传霖故居由定兴县政府公布为县级文物保护单位。

保护现状

“文革”时期该地收归国有，由县房产管理股管理。现前院已拆除，剩存的后院北房 5 间，东、西夹间各 3 间，南檐房 5 间，年久失修，屋瓦多有损坏，门窗破损。整体建筑历经 200 余年，破损严重，但主体建筑仍不失时代风格。

名人生平

鹿传霖，清朝末年大臣。清同治元年（1862 年）进士，选翰林院庶吉士，初入清军胜保部，对抗捻军。历任广西兴安知县、桂林知府（1874 年），广东惠潮嘉道道员、福建按察使、四川布政使。清光绪九年（1883 年）晋升河南巡抚，十一年（1885 年）调任陕西巡抚，次年因病开缺。十五年（1889 年）复任陕西巡抚。鹿传霖和其父亲安葬在位于定兴县城西北 2 公里处的田侯墓地，而此墓地早被夷为平地。现在保留下来的是定兴县东南约 15 公里柳卓乡西江村的鹿氏墓地，这里埋葬着鹿氏家族的先祖和后人等近 40 人。

历史评价

据清咸丰年乡试朱卷记载，鹿传霖在文章中表述的“乐民之乐者，民亦乐其乐；忧民之忧者，民亦忧其忧”等民主思想，得到考官“斟酌饱满”“器宇宏深”的好评。鹿传霖一生刚正清廉、惜才重教，对川粤洋务多有建树，时人将他与文正（京师大学堂创办人孙家鼐）、文襄（张之洞）并论。1910 年，鹿传霖因病去世。朝廷封赠“太保”、谥号“文端”，以“一事不苟，一言不欺”褒扬。

后世纪念

鹿传霖去世后，清廷派人前往祭奠，并在定兴为其建造祠堂。

高阳县

李鸿藻故居

李鸿藻画像

李鸿藻（1820—1897），字寄云，号兰孙，直隶（今河北省）高阳人，出身名宦世家。清咸丰二年（1852 年）进士，同治皇帝的老师，晚清重臣。历任都察院左都御史、军机大臣、礼部右侍郎等职。在其 30 余年的政治生涯中，经历了同、光两朝对内对外的各种重大事件，名重天下，死后谥号“文正”。

故居概述

李鸿藻故居位于高阳县城内东街李家胡同。坊间传说故居原来是一处坐北朝南、临街的三进四合院住宅，现仅存北房 3 间，为硬山双坡清水脊的砖木结构建筑，年久未修。

坊间所传“穿堂殿”即指这 3 间北房，实际上这 3 间北房就是原来四合院第二进院的北房，从此房明间能够穿堂而过。

保护现状

高阳县政府于 2014 年 5 月启动了对

李鸿藻故居穿堂屋

李鸿藻故居大门（重修）

李鸿藻故居（重修）

李鸿藻故居内景

李鸿藻雕像

李鸿藻故居的修复工程。

名人生平

李鸿藻，咸丰二年（1852 年）中进士，选庶吉士，授编修，督河南学政。清同治元年（1862 年），被提拔为侍讲，深受西太后慈禧的信任，累迁内阁学士，署户部左侍郎。同治四年（1865 年），再升都察院左都御史，加太子少保。清光绪二年（1876 年），命兼总理各国事务衙门大臣，反对完颜崇厚擅订《里瓦几亚条约》。历任礼部右侍郎、协办大学士、吏部尚书。清光绪二十三年（1897 年）以病乞假，旋卒，享年 78 岁，清廷予谥“文正”，赠太子太傅，入祀贤良祠。

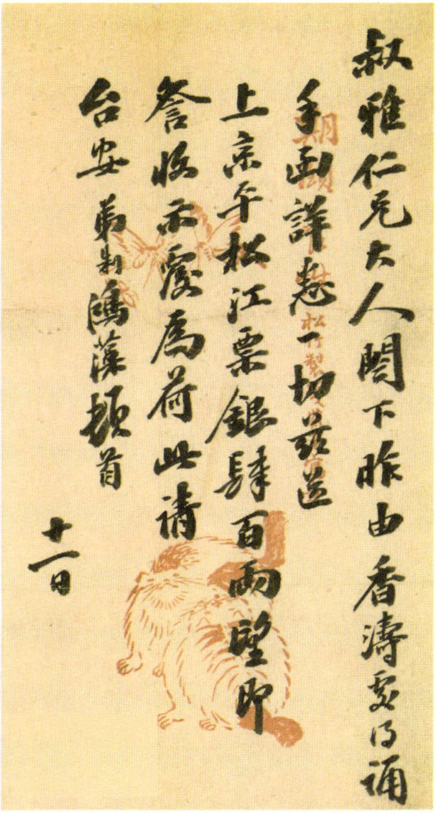
叔雅仁兄大人阁下昨由香涛处乃诵
手函详悉一切兹送
上京平松江票银肆百两望即
签收示覆为荷此请
台安 弟制鸿藻顿首
十一日

李鸿藻书法

历史评价

《清史稿》:“鸿藻性至孝，为学守程朱，务实践，持躬俭约。傅穆宗十余年，尽心启沃。”“其在枢府，独守正持大体。……所荐引多端士。”

陈康祺《郎潜纪闻二笔》：“高阳李尚书鸿藻，毅皇帝登极后，弘德殿师傅之任，虽广延耆宿，而以尚书为甘盘旧学，两宫毗倚尤专，并已令参机务矣。……至光绪年，高阳已官正卿，遘本生太夫人终堂之戚，以本房主丧无人，具呈礼部请守制三年，亦经礼部议准。尚书之为人子，可谓守经尽礼，不愧儒臣。”

罗惇曧《中法兵事始末》：“协办大学士吏部尚书李鸿藻，内廷当差有年只为囿于才识，遂致办事竭蹶。”

蔡和森故居

蔡和森

蔡和森（1895—1931），字润寰，号泽膺，湖南省双峰县永丰镇人。中国共产党早期卓越领导人之一，无产阶级革命家、理论家、宣传家，法国勤工俭学组织者、实践者之一。中国共产党第二、三、四、五、六届中央委员，第五、六届中央政治局委员、常委，中共中央机关报《向导》周报主编，中共中央宣传部部长。

蔡和森积极联络湖南青年到保定留法高等工艺预备班学习。在蠡县布里村学习期间，担任老师，教授国文、体育，传播先进思想，时刻关注青年人的动态。

故居概述

蔡和森故居位于高阳县西演镇布里村布里留法勤工俭学工艺学校，学校建于1917年，布局合理，坐北朝南，原有3排平房41间，占地6 600平方米左右。旧址现有平房11间，其中有蔡和森的宿舍及办公室，3间实习工厂，其余都是教室。

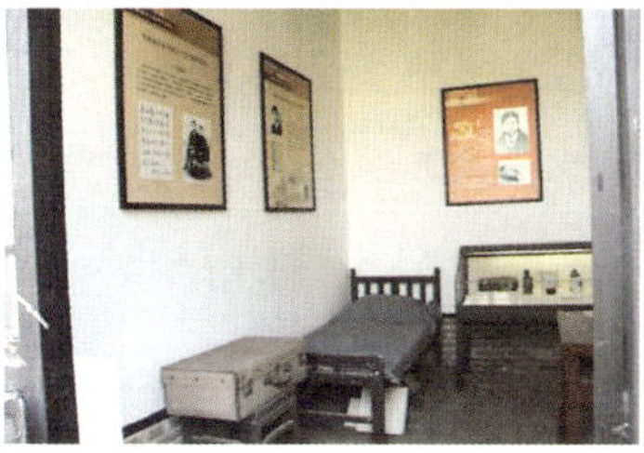

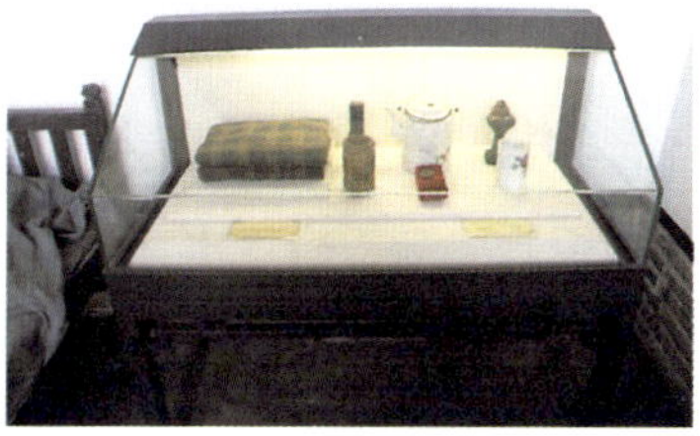

布里村
布里留法工艺学校旧址石碑
布里留法工艺学校原址大门
蔡和森住过的屋子
蔡和森故居展品
蔡和森手植槐

旧址现保存基本完好，蔡和森故居和学校教室、办公室保存了历史原貌，其中西合璧的建筑风格在中国北方独树一帜。有代表性的单体文物为蔡和森办公室和学校旧址大门。

名人生平

1895 年 3 月 30 日，蔡和森诞生在上海江南机械制造总局的一个小官员家里。1899 年的春天，蔡和森跟随母亲葛健豪回到了家乡双峰永丰镇，不久父亲也从上海回故乡，并买下位于双峰县井字镇杨球的光甲堂定居下来。1908 年，蔡和森全家迁回了永丰镇。为了谋生，13 岁的蔡和森到蔡广祥辣酱店当学徒。蔡和森立志读书，所以在 3 年学徒期满后，进入永丰国民小学读三年级，用了一个学期，就越级考入了双峰高等小学。

1913 年，蔡和森考入湖南省立第一师范学校，与毛泽东结为挚友。1918 年 4 月 14 日，蔡和森、毛泽东及其他有志青年在蔡和森家中正式成立了新民学会（五四运动前成立最早的革命团体之一）。会上，通过了《新民学会章程》，会后又出了《新民学会会员通信集》。6 月 23 日，蔡和森受学会的委托，赴北京组织赴法勤工俭学事宜。经杨怀中老师介绍，蔡和森来到留法俭学会，与李石曾等人取得了联系，并见到了北京大学校长蔡元培和著名新文化运动的领袖李大钊。他写给毛泽东的信中说："只计大体之功利，不计小己之利害，墨翟倡之，近来俄之列宁颇能行之，弟愿则而效之。"在新民学会会友中第一个吹响了欢迎十月革命的号角。

1921 年 7 月，蔡和森与工学世界社成员开会讨论建立共产党的问题。同年，蔡和森在法国发起了建党活动，组织了中国共产主义青年团旅欧支部，周恩来任总支书记。1921 年 10 月，蔡和森因领导留法勤工俭学学生斗争被法国政府强行遣送回国。年底，蔡和森回国，在上海经陈独秀等介绍加入共产党，并从

蔡和森在巴黎工学世界社（前排左四）

事党的理论宣传工作，成为党早期重要的理论家和宣传家。

1922年5月5日，蔡和森当选第一届团中央执行委员，为团中央主编机关报《先驱》。同年6月，蔡和森和妻子向警予在第二次全国代表大会上一起当选中央委员，并参与制定党的最高纲领和最低纲领，同年9月，蔡和森起任中共中央机关报《向导》周报主编，组织发表并亲自撰写大量文章，宣传马克思列宁主义和党的纲领，揭露和批判帝国主义和封建军阀。蔡和森还运用马克思列宁主义积极探索中国革命基本问题，对中国革命的性质、任务、前途、中国社会各阶级在革命中的地位和作用等问题，提出了许多观点，为维护、推动国共合作大革命高潮的到来做了大量工作。1923年6月，蔡和森与毛泽东一同出席了中国共产党第三次全国代表大会。

1924年，蔡和森在上海出版了《社会进化史》。该书是中国人以马克思主义唯物史观写成的第一部社会发展史，是此类著作的奠基之作。1925年，蔡和森参与并领导五卅运动。蔡和森以中国共产党的名义发表了《告全国民众书》，很快地就把这场斗争发展到了广州、香港等城市。1931年，蔡和森在香港

蔡和森与向警予合影

组织地下工人运动时遭叛徒出卖被捕，随后被引渡到广州，牺牲在广州军政监狱，终年36岁。

保定轶事

1918年，蔡和森、毛泽东等人为湖南籍青年赴法国勤工俭学积极奔走联络，同年10月6日，湖南30余名青年学生由长沙到保定，到留法勤工俭学会设在蠡县布里村（今属高阳县）的预备学校和在保定育德中学附设的留法高等工艺预备班学习，蔡和森、毛泽东由北京赶到保定车站迎接。在保定，蔡和森等带领大家到古莲花池聚会，其中有李维汉、李富春等，还在莲池荷塘边留了一张合影。10月10日，受新民学会委托，蔡和森带领湖南青年由保定到布里村留法工艺学校就读，为留法勤工俭学做准备。毛泽东在保定为其送行。

在布里村学习期间，蔡和森是学生的负责人，管理学生们的思想、学习和生活。在学生眼里，他思想进步、生活俭朴、待人热情、工作兢兢业业。蔡和森不辞劳苦，为学生的学习费用、伙食费，甚至零花钱，到社会上募捐，或是到华法教育会去筹措。他既当学生的国文教师，又和学生们一起学习法文。学校没有体育课，在课余时间，他教学生们练习武术，带着学生们开展体育活动。他经常给学生们读报、讲时事，宣传俄国十月革命，揭露帝国主义的罪恶行径。每当读到布尔什维克在前线胜利的消息时，他总是兴高采烈地挥动手臂大声说："劳农专政的国家是不可战胜的！"使学生们初步了解了十月革命的意义，懂得了一些马克思主义的革命道理。

历史评价

蔡畅："在我党之中，在老一辈无产阶级革命家之中，和森同志是最早通晓马列主义的一个，特别在掌握俄国十月革命和列宁主义给马克思主义学说所带来的新东西这一方面。""在党的思想理论建设和组织建设方面，在新民主主义革命的战略、战术方面，在统一战线的方针政策方面，在农民运动和土地革命的基本问题方面，在中国革命的社会主义转变方面，等等，他都从理论上和实践上为党做出了重大贡献。他所留下的丰富的理论遗产，对于伟大的毛泽东思想体系的形成起了有益的历史作用。"

罗平原："蔡和森生前许多意见曾被忽视，他自己也多次被批判、遭排斥。但他牺牲后，他的理论和主张一一得到践行，其正确性也被一一证明。他是完美的革命者。"

1935年李立三在《红旗飘飘》中写道："和森同志的性格沉着温和，平时极寡言笑，然到辩论问题时，则能旁征博引，议论风生，使人折服。和森同志的文章解说明确，通俗易解，为读者所爱读，所以和森是一位很好的宣传家。和森同志非常笃于友爱。"

后世纪念

2009年9月14日，蔡和森被评为100位为新中国成立做出突出贡献的英雄模范之一。

佟麟阁故里

佟麟阁

佟麟阁（1892—1937），汉族，原名佟凌阁（因牺牲后报纸误写为“麟阁”，此后就沿用了下来），字捷三，民国时期军事将领，先后隶属北京政府、国民军、国民政府（国民革命军），是中国在抗日战争中殉国的高级将领之一。他被评为100位为新中国成立做出突出贡献的英雄模范之一。抗战胜利后，何思源出任北平（今北京）市市长。为了纪念为国捐躯的抗战英雄将领，1947年3月13日，何思源签发了“北平市政府户字第59号训令”，决定将南沟沿大街命名为“佟麟阁路”。保定市高阳县庞口镇边家务村是英雄佟麟阁的故里，高阳县也以佟麟阁将军名字命名主要街道、广场，以示纪念。

故里概述

佟麟阁故里位于高阳县城东侧13公里处的庞口镇边家务村。边家务村以农业为主，盛产小麦、玉米、棉花、麻山药等

佟麟阁故里边家务村
位于高阳县的佟麟阁广场
位于高阳县的佟麟阁大街

佟麟阁修建的边家务村将军井

佟麟阁将军早年给边家务村群众修的碾盘

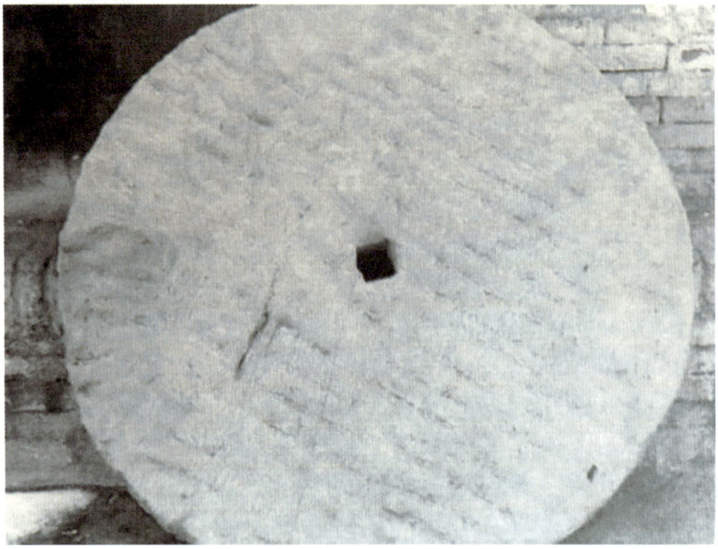

作物，这里民风淳朴。保沧、大广两条高速从这里经过，交通极为便利。边家务村所在庞口镇，历史悠久，自周朝建村，因傍于古高河口，始称旁口，后改为庞口，距今有 3 000 年历史。2016 年 10 月，庞口镇被国家住建部等三部委列为首批国家级特色小镇建设示范乡镇。

保定轶事

边家务村的水质不好，遇上干旱年头，老百姓连苦水也难

佟麟阁小学

将军纪念展厅内景

喝上。佟麟阁在部队时知道后出钱资助，为该村打了三眼新井，从此乡亲们便都喝上了甜水。

有一年，佟麟阁春节还乡，走访群众，当他看到有的人家过年吃不上饺子时，便立即和太太商议，拿出自己的私房钱周济了每户 3 块大洋。他为了解决乡亲们种地使用畜力的困难，吩咐家里人买了一头牛，每天喂饱后拴在门外的大树上，供乡亲们随便使用。村里有所小学，他看到进进出出的学生，有的衣服破烂不堪，便派人到高阳县城买回一车直贡呢，给每个孩子缝制了一身新衣服。

名人生平

生活经历

1892年10月29日佟麟阁出生于河北省高阳县一户农民家庭。他幼时就学于舅父胡老先生门下，读经史。高阳居易水之南、保定府之东，1900年7月惨遭八国联军之日军的大肆烧杀掳掠。闾里成墟，百姓流离失所，困苦之情，不堪言状。当时8岁的佟麟阁目睹国家的屈辱与人民的苦难，从此萌发投笔从戎救国之念。

抗日英雄

1933年，佟麟阁、高树勋等14名将领在张家口联名通电，响应冯玉祥的号召，参加抗日同盟军。佟麟阁为抗日同盟军第一军军长，代理察哈尔省主席。在此期间，佟麟阁治军理政，运筹帷幄，筹备军需，安定后方，出版《国民新报》，宣传抗日主张，组织民众武装，他组织前方运输，救护伤员，收容难民，殚精竭虑，甚获察哈尔军民的爱戴。后抗日同盟军不幸夭折，国运垂危，佟麟阁不胜悲愤，于是退居北平香山寓所，与家人团聚，奉养双亲。在宋哲元的再三敦请下，重新出山投入抗日工作中。

后世纪念

佟麟阁是全面抗战爆发后捐躯疆场的高级将领，冯玉祥将军闻讯后，怀悲写下《吊佟赵》一诗，悼念佟麟阁和一同牺牲的赵登禹将军。佟麟阁骨骸寻获后，夫人彭静智及子女含悲收敛，隐姓埋名，寄厝于北平柏林寺，寺中方丈出于对将军抗日爱国的敬慕，即使是北平沦陷，也始终严守秘密，直到抗战胜利后国奠于香山。1937年7月31日，国民政府发布褒恤令，追赠佟麟阁为陆军上将。毛泽东对佟麟阁的献身精神给予很高的评价。他在1938年3月12日延安纪念孙总理逝世十三周年及追悼抗敌阵亡将士大会上的演说词中说佟麟阁等人“无不给了全中国人以崇高伟大的模范”。

抗战胜利后，1946年4月5日（清明节）在北平八宝山忠烈祠，北平市各界隆重举行入祀大典，供奉佟、赵两将军神位。随后，佟麟阁烈士忠骸移葬于北平西郊风景区香山南约1公里的兰涧沟坡上。

1979年8月1日，中共北京市委统战部发出通知，定佟麟阁为抗日阵亡的革命烈士。北京市人民政府为其修墓立碑，1米多高的汉白玉碑上镌刻着“抗日烈士佟麟阁将军之墓”11个黑色大字。1980年7月28日，北京市政协和民革北

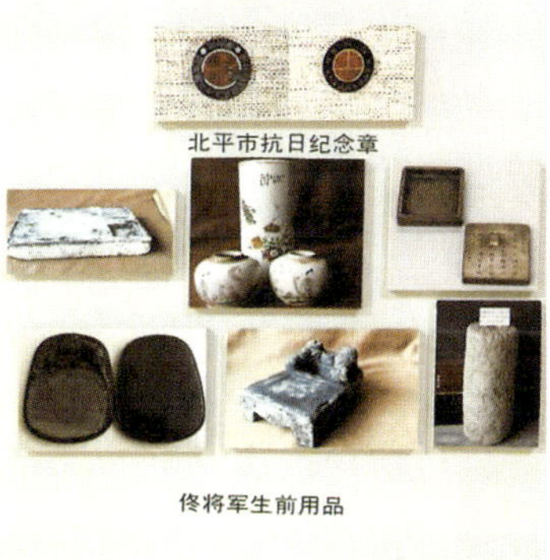

佟麟阁雕像
二十九军旧照
佟麟阁生前用品

京市委在香山举行扫墓仪式，隆重纪念佟麟阁殉国四十三周年。1985 年 8 月 13 日，中国人民革命军事博物馆抗日战争纪念馆开馆。馆内展出了佟麟阁的旧照、史料、墨宝等，并有塑像一尊，以供人们参观和永远纪念。

2005 年 7 月，北京市档案馆研究室的工作人员经过近 2 个月的严谨考证，证实佟麟阁将军殉国的具体地点位于丰台区南苑时村路（大红门东北、赵公口桥南的光彩路中段路西处，距佟将军殉难地向南约 100 米处，确认为是曾经掩埋上百名二十九军战死士兵遗骸的地点），并建议设立标志以纪念爱国将士。

2015 年 8 月，高阳县边家务村小学正式更名为佟麟阁小学。

2015 年 8 月，佟麟阁雕像在高阳县落成。

苏秉琦故居

苏秉琦

苏秉琦（1909—1997），高阳县北沙窝村人。我国著名考古学家，我国考古教育主要创办者之一，北京大学教授。其故居位于高阳县北沙窝村。他的幼年、童年以及青年时代都生活在这里。

故居概述

苏秉琦故居总占地面积约 475 平方米，现存建筑面积约 100 平方米，现状较好的有大门 1 座，北房 3 间，东跨间 1 间以及西侧大门洞 1 间。大门两侧采用圆柱形建筑样式，风格西化，大门以上以中国民间传统的拱门发券法建造，古朴典雅。这种中西合璧式的建筑样式，在我国北方农村极为罕见。

名人生平

苏秉琦 1934 年毕业于北平师范大学历史系，任北平研究院史学研究所副研究员。1949 年至 1990 年任中国社会科学院考古研究所（原中国科学院考古研究所）

苏秉琦故居

研究员。其间，1952 年至 1982 年任北京大学考古专业教授兼考古教研室主任；1978 年至 1984 年任考古研究所第三研究室主任。自 1978 年始，为考古所学术委员会委员。1979 年当选为中国考古学会副理事长，1986 年、1989 年当选为理事长。1983 年被任命为文化部国家文物委员会委员。1997 年 6 月 30 日，在北京病逝，享年 88 岁。

考古调查

苏秉琦作为中国早期的考古学家，曾主持陕西、河南、河北等地新石器时代和商周时期主要遗址的发掘。1934 年起在陕西省的渭河流域从事田野调查，并参加了宝鸡斗鸡台墓地的发掘。在他所著的《斗鸡台沟东区墓葬》报告中，就周秦文化的面貌进行了分析，对中国考古学的研究和发展产生了重大影响。

1950 年，他参加了河南辉县战国墓的发掘，参与了《辉县

考古所建立时的主要成员（左起：苏秉琦、徐旭生、黄文弼、夏鼐、许道龄、陈梦家）

发掘报告》的编写。

1954 年，他主持了洛阳中州路（西工段）沿线的发掘工作，对认识洛阳地区的仰韶文化和商殷、两周、汉唐各时期的物质文化面貌及其发展的阶段性，具有重要意义。在《洛阳中州路（西工段）》报告的结语中，他运用地层学和类型学知识，对仰韶文化和商、周、汉、唐几种不同文化遗存的分期和性质进行了理论性探索。其中对东周墓葬的分期研究，为建立中原地区东周墓葬的断代标尺奠定了基础。

1957 年至 1960 年间，他先后主持了河北省邯郸市涧沟和龟台龙山－商周遗址、陕西华县泉护村遗址和元君庙墓地以及洛阳王湾遗址的发掘，相关成果对揭示中原地区新石器时代仰韶文化和龙山文化的面貌及其类型划分，具有重要的学术价值。

学术思想

苏秉琦在重建中国史前史的过程中，已经感觉到要完成这一课题的艰难程度。但是，他在重建中国史前史中吸取的经典著作的思想、明确的“文明起源”的概念，以及形成的有关中国文明起源的一些新的认识，却拓宽了他的研究思路，为他重建中国古史框架铺平了道路；同时，也为他构建中国国史框架模式，找到了理论依据。1991年后，他在重建中国史前史的同时，又考虑了重建中国古史框架，进而探索中国国史问题。

重建中国史前史、重建中国古史框架、构建中国国史框架模式，是苏秉琦在20世纪90年代通过开展中国文明起源研究而发生的其学术研究的三次跳跃。这三次跳跃，使苏秉琦的学术思想形成了一个完整的体系。

主要论著

苏秉琦的主要学术论著有《瓦鬲之研究》以及一系列论文，其中主要的论文已被编集为《苏秉琦考古学论述选集》。在生命的最后阶段，苏秉琦总结其一生的考古经历，倾尽毕生精力，著书《中国文明起源新探》。

苏秉琦发表的《关于仰韶文化的若干问题》等学术论文，就一些考古学文化的渊源、特征、发展途径等问题做了尝试性分析，对中国新石器时代文化的区域分布的格局、系统等问题，提出了创见，并对此赋予研究方法的意义，在考古学界有广泛影响。

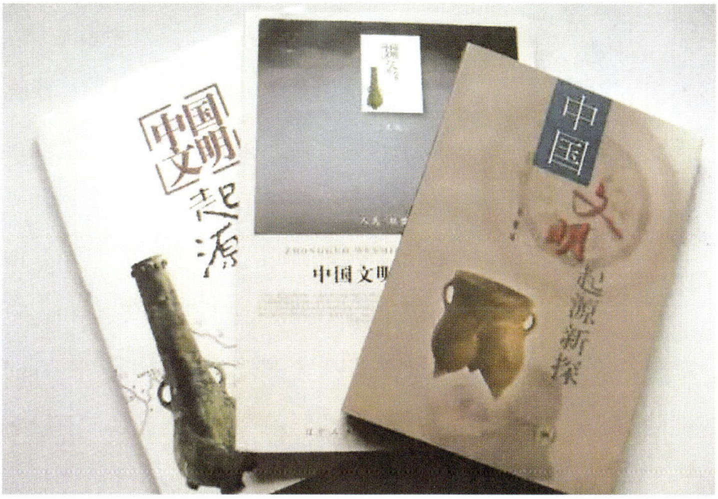

苏秉琦著作

盖叫天故里

盖叫天

盖叫天（1888—1971），原名张英杰，号燕南，著名京剧表演艺术家。盖叫天故里位于保定市高阳县西演镇西演村。由于盖叫天早年便离乡南下，长期在上海等地演出，其另一故居位于杭州杨公堤畔。燕南寄庐建于20世纪20年代，盖叫天因祖籍河北有“燕北”之称，故将宅子称为“燕南寄庐”，取燕北之客寄居江南之意。

故里概述

西演镇位于高阳县城东南部，东接庞口镇，西与高阳镇隔河为界，南邻庞家佐乡，北与小王果庄乡接壤。保沧路、肃临线两条省道过境，保沧、大广两高速在镇内交汇互通。西演镇有着悠久的历史和光荣的革命传统，两处著名的红色旅游基地坐落于此。一处是布里留法工艺学校，它是当年高阳人李石曾、段子均开办的，前后共培养留法学生200多人，为国家培养了一大批栋梁之材。布里留法工艺学校在勤工俭学运动和新文化运动中占有重要的历史地位，中国共产党早期领导人蔡和森和向警予都曾经在这里工作和学习。另一处是高蠡暴动纪念馆，它是为了纪念 1932 年在这片土地上建立的第一个红色武装而建设的。

名人生平

盖叫天出身贫苦，8 岁时因家乡遭水灾难以度日，便同四哥一起进天津的隆庆和科班，开始舞台生涯。为糊口认真学戏，被班里的一位主教老师齐瑞亭看中，教他学武生，并给他取艺名“金豆子”。10 岁开始登台演戏。

清光绪二十六年（1900 年），八国联军侵占天津后，盖叫天一度回家乡，后随大哥到上海，开始在上海一带演出。先学武生，又学文戏，后改习老生，倒嗓后，仍然学习演武生。13 岁改艺名“盖叫天”。14 岁在上海加入玉仙茶园的班子，第一次用“盖叫天”的艺名演出。由于表演精彩，赢得观众喜爱，“盖叫天”的名字从此传开。

1934 年，盖叫天在上海演出《武松·狮子楼》时，跌断了右腿，他忍痛直到大幕闭上。盖叫天被送往医院医治，但是在医治时

前排左起：尚小云、盖叫天、周信芳

被医生接错骨位，盖叫天一听不能登台演出了，在木床边上撞断了腿骨，请医生再接。在治疗期间，他开始教戏，出院回家疗养后就开始练功。终于在两年后重登戏剧舞台。

盖叫天戏德高尚，做人刚正不阿，拒充内廷供奉和为军阀演出。清废帝溥仪娶妃子、贿选总统直系军阀首领曹锟举行大堂会贺当选获胜，他都拒绝参加；1939年在浦东演侠义戏《就是你》，因“触犯时局”，被迫停演；1940年前后，抵制汉奸假借“伶界联合会”之名为日本侵略军举行的所谓募捐义演。

中华人民共和国成立后，盖叫天焕发了艺术青春。为庆祝解放、慰问中国人民解放军，文化部特邀盖叫天和梅兰芳、周信芳等老艺术家多次联合演出，盖叫天都欣然参加。1950年，文化部召开全国戏曲工作会议，盖叫天应邀到北京，12月5日毛泽东在怀仁堂观看了他演出的《一箭仇》。后来，又受到周恩来的接见，盖叫天非常激动，在会上发言，感谢党的关怀，决心把毕生精力奉献给戏剧艺术。1952年第一次全国戏曲会演中，盖叫天获国家颁发的荣誉奖状。此后，他经常到各地巡回演出，对艺术更加精益求精，他的座右铭是“学到老”。

1954年，上海电影制片厂为他拍摄了《盖叫天舞台艺术》影片。1956年，文化部和中国戏剧家协会在上海为盖叫天举办从艺60周年纪念会，再次授予他荣誉奖。同年，他当选为中国戏剧家协会浙江分会主席。1957年，周恩来陪同外宾到杭州，冒着蒙蒙细雨步行访他，他激动得流下了热泪。1959年秋，盖叫天排演《乌江恨》，自任编剧、导演兼主演。1962年7月，盖叫天回家乡高阳祭祖，在保定向全专区各县剧团代表传艺。1963年，完成艺术片《武松》的拍摄。1964年当选为第三届全国人大代表。他自编自演了不少现代题材的小戏，用戏剧反映中华人民共和国成立初期的社会生活。

“文革”期间，盖叫天受到迫害和打击，身心受到严重摧残。1971年1月15日，含冤在杭州去世。1978年9月16日，中共浙江省委、省革委会为盖叫天平反昭雪，举行了隆重的骨灰安放仪式，并成立盖派艺术研究所。

艺名由来

盖叫天在他写的《粉墨春秋》中，有这样一段话：“本来我的艺名叫‘金豆子’，是天津隆庆和科班的老齐先生起的。他瞅我长得精神抖擞，挺有斗性，又演的是武戏，才给起的这个名字。这会儿我13岁，像个画眉鸟似的，挺精神的。可是唱文戏用这个名儿便不怎么合适，所以到了杭州大伙儿合计着给另外起了个艺名，研究来研究去，有的说叫‘菊仙’，我不喜欢。那会儿谭鑫培叫‘小叫天’，我说我就叫‘小小叫天’吧。我的意思是借着他的名儿，弄点儿小米吃。不料在座的有一个人瞧不起我，在一旁冷笑说：‘哼，你也配叫这名儿！’这一下把我说火了，我年少气盛，

盖叫天剧照

盖叫天剧照

和他当场顶起嘴来。为什么我不能用这名字呢？能把人看死了吗？不光是继承前辈的艺术，我还要自成一家，‘盖’过叫天，独树一帜。就这样，我用上了‘盖叫天’这三个字。”

艺术成就

盖叫天擅演武松戏（包括《打虎》《狮子楼》《十字坡》《快活林》等），有“江南活武松”之誉。1952年和1956年，他因演《十字坡》《武松打虎》，获文化部授予的荣誉奖。他将自己一生艺术心得著成《粉墨春秋》《盖叫天表演艺术》《燕南寄庐杂谈》等书。

历史评价

盖叫天继承南派武生创始人李春来的艺术风格，并广泛吸收多种戏曲中各流派武生和其他行当的长处，提高塑造人物形象的表现力。他讲究造型美，人物造型以“立如松、坐如钟、卧如弓、行如风”为准则，主张以外形动作表现人物的精神气质，逐渐形成独具特色的“盖派”艺术风格，尤擅演武松戏。著名戏剧家欧阳予倩描绘他的动作时说：“快起来如飞燕掠波，

盖叫天雕像

舒缓之处像春风拂柳。动起来像珠走玉盘，戛然静止就像奇峰迎立。”陈毅写诗称他“燕北真好汉，江南活武松”。

后世纪念

盖叫天于1971年1月15日逝世。1986年，浙江省人民政府重新修建坐落在西湖边丁家山上由盖叫天生前自建、在“文革”中被毁的寿坟，将盖叫天的骨灰移葬此处。墓前门楼和石牌坊题有黄宾虹手书的“学到老”匾额，沙孟海等人撰写的楹联“英名盖世三岔口；杰作惊天十字坡”和“燕北真好汉；江南活武松”，分别取典于盖叫天生前的拿手剧目和他的籍贯以及称号。

韩世昌故里

韩世昌

韩世昌（1897—1976），中国昆曲表演艺术大师，高阳县河西村人。幼年家贫，12岁在本村“庆长班”学戏。14岁师从侯瑞春，以后又从师北京大学教授吴梅（瞿庵）教授和赵子敬先生学习南昆，演唱造诣极深，有“昆曲大王”之称。1957年，任北方昆曲剧院院长。1960年加入中国共产党，1976年12月病逝于北京，享年79岁。

故里概述

高阳河西村是昆曲艺术家韩世昌的故里。河西村位于县城东南角，与河间、肃宁两县的边沿村庄接壤，居有300多户。就是这样一个普通村庄，先后培育出100多位昆曲演员，其中不少人成为著名艺术家，为我国传统戏剧的传承和发展做出了巨大贡献。

名人生平

韩世昌12岁入“庆长班”，14岁就开始和启蒙老师侯瑞春学戏。韩世昌的师

河西村

韩世昌故居大门

韩世昌故居内景

傅，除了启蒙老师侯瑞春以外，还有吴梅（瞿庵）和赵子敬老师，吴、赵都是南方昆曲名流，造诣极深。吴梅是苏州人，早年师从韩起祥学曲，后同徐凌云等老前辈过往甚密，对昆曲的念白、唱法、形声、吐字非常讲究，并有不少的著述。当时在北京大学任教。吴先生眼界很宽，对音律很有研究，因此一看到韩世昌的《琴挑》，就称赞不已。吴梅教韩世昌的第一出戏是《拷红》，韩世昌学得非常认真，每晚必到，风雨无阻，极为辛苦。韩世昌的第二位师傅是南方昆曲名家赵子敬先生。跟别人学的戏，经赵先生订正、点拨，在行腔唱法、念字吐音等方面都有了新的成就，登台演唱，颇得昆曲名家的首肯。韩世昌的昆曲演唱成名，大多借重于这两位恩师的口传心授、精心指点。

1918 年某次演出，有位观众特别点了韩世昌的《闹学》，这出戏他只是学过而没演过，有些发怵，但推辞不掉，又怕唱“砸”了给“起了堂”（观众退场）。韩世昌战战兢兢地勉强上了台，待到挑帘出场后，却认认真真地做戏，演出效果极佳，直唱到掌灯也没有一个观众走的。自此，韩世昌的《闹学》名盛一时。当时称韩世昌为“昆曲大王”，可与梅兰芳齐名。后来梅兰芳通过韩世昌学了昆曲的许多新戏与表演技艺。中华人民共和国成立后，梅兰芳还自谦地称自己是高阳韩世昌的“徒弟”。

1945 年日本无条件投降后，韩世昌与白云生共同成立了“庆生社”演唱昆曲。班里有侯永奎、魏庆林、刘庆云、常连太、李凤云等 7 人，与北京昆曲学会合作演出。后来合并称为“北京昆曲社”，但境遇不佳，勉强维持。

中华人民共和国成立后，52 岁的韩世昌被聘请为人民艺术剧院的教师，传授昆曲表演艺术。1950 年，韩世昌成为北京市文联委员，政治地位提高，生活有了保障。韩世昌在人民艺术剧院传授古典舞蹈兼戏曲导演，同时也培养了中华人民共和国

左起：侯瑞春、侯炳文、魏庆林、韩世昌、白云生、侯玉山

韩世昌剧照

与梅兰芳合作演出《游园惊梦》，左起：梅兰芳、韩世昌

成立后第一批昆曲学生从兆桓、李倩影、安维黎、秦肖玉等。1951 年改在中央实验歌剧院任教。1952 年全国第一届戏曲观摩演出大会上，文化部授予韩世昌荣誉奖。韩世昌的昆曲表演艺术枯木逢春，往日颠沛流离的舞台生涯得以安定下来，生活有了绝对的保障。

部分北方昆曲老演员合影(第一排最右为韩世昌)

左起：韩世昌、梅兰芳、白云生

周恩来总理接见韩世昌、梅兰芳等演员

1956年夏，浙江昆苏剧团来北京演出昆曲《十五贯》，轰动了京城昆曲界。周恩来倍加欣赏，他所说的“一出戏救活了一个剧种”，就是指的久不为人们所重视的昆曲剧种。在党和政府的大力支持下，北方昆曲界人士组成了“北方昆曲代表团”南下与南方昆曲界人士举行会演，共同繁荣祖国这一古老剧种。

1957年春，文化部决定在“北方昆曲代表团”的基础上筹建北方昆曲剧院。经过半年筹备，于1957年6月22日在文化部礼堂举行了北方昆曲剧院成立大会，韩世昌任院长。

新春佳节，韩世昌在怀仁堂为中央领导同志演出了《嫁妹》《学舌》《夜奔》《拾画》《出塞》曲目。中央党政领导接见韩世昌，对其精湛的表演艺术表示赞赏，这对韩世昌来说是一生莫大的荣誉，使他多日入夜难寐，终生难忘。

保定轶事

韩世昌由本村侯汝霖介绍，在12岁时加入了“庆长班”。韩世昌随老师侯瑞春加入了“荣庆社”。韩世昌14岁时，姐姐、父亲相继去世，大哥跑西口未归，韩世昌悲痛欲绝，无以为生，只好跟荣庆社到各地“跑大棚”唱戏，过着颠沛流离的生活。

韩世昌跟着荣庆社跑野台子（跑大棚）以祁（安国）、博（博野）、蠡（蠡县）、深（深泽）、武（武强）、饶（饶阳）、安（安平）为中心区，曾到栾城、元氏、赵州、赞皇、曲阳、获鹿、河间、献县、束鹿、正定以及保定府等地。当时的高阳虽说富庶，但群众多喜欢梆子、老调，因之来高阳次数最少。1934年韩世昌同白云生随荣庆社到家乡高阳来过一次，在庙会上演唱半个月，直到后期才打动了高阳的商家观众，曾名盛一时。

蠡县

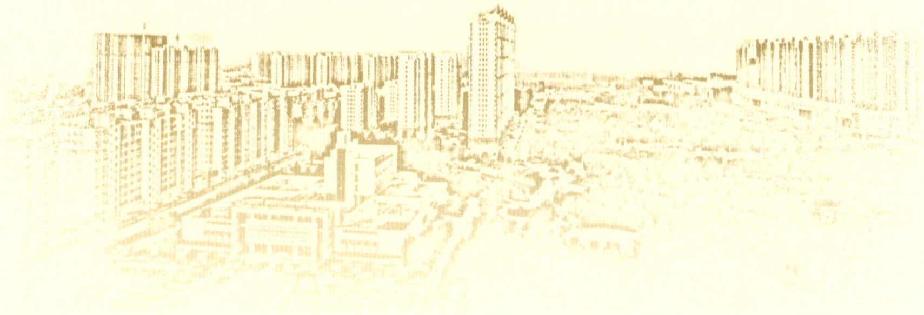

陈幼云故里

陈幼云

陈幼云（1879—1909），原名陈兆雯，河北蠡县潘营村人。近代民主革命志士，中国同盟会河北分会会长。保定育德中学的创始人，第一任校长。

故里概述

陈幼云故里潘营村位于蠡县县城北10公里，隶属于桑园镇，是一个历史悠久的古村落。在两千多年前的汉朝，这里就成了一个农民聚居地。村里有一座古寺——兴国禅寺，寺内现存石碑1座，据重修兴国禅寺碑文记载“……今有县治正北二十里许，有乡曰邻得，有古刹曰兴国禅寺，历汉唐盖有年矣……”由此得知，过去潘营村名为“邻得”，宋朝时，由于北方连年战乱，为了抵御北方匈奴的入侵，宋军将领潘仁美率军在这一带安营扎寨，军营就设在此村，这样就有了“潘营”的叫法，时间一长，“邻得”也就习惯地叫作“潘营”了。潘营南边的贺营，西边的东营、西营，西北边的蛮营，也都是因当时宋军将领驻扎而得名，村名沿用至今。

潘营村的村民勤劳俭朴、纯洁善良、崇文尚武，具有深厚的文化底蕴。潘营村出了诸多在当地乃至全国有影响的人物，诸如清末民初著名的“三陈”——教育家陈云亭、陈幼云父子，“诗书画”三绝的陈嘉楷，近现代有国民革命军少将刘潜、解放军开国将领河北省原省长刘秉彦、湛江市委原书记韩宗祐等。现在的潘营村，工农商学协调发展，人民生活日新月异，村容村貌整洁美丽，一派祥和繁华景象。

名人生平

1903 年春，陈幼云考入保定直隶师范学堂。同年秋，自费东渡日本留学，入东京弘文学院学习。当时民主革命思想在中国留日学界蓬勃高涨，陈幼云亲历其境，深受影响。翌年暑假返回乡里，倡导和赞助创建乡村小学上百所。1905 年，陈幼云在日本参加孙中山组织的中国同盟会，积极参与以“驱除鞑虏，恢复中华，建立民国，平均地权”为纲领的政治活动。1906 年冬，陈幼云在日本弘文学院毕业后，奉孙中山之命返国回到保定，受聘于崇实中学，以教师身份秘密组建同盟会河北分会。他一方面积极进行革命宣传；一方面在保定军官学校、师范学堂和其他高等学堂中发展急谋改革者加入中国同盟会。1907 年夏，中国同盟会河北分会成立，公推陈幼云为会长。当时清政府防范革命活动甚严，陈幼云唯恐日久事有泄露、宏志难以实现，

陈幼云在日本参加孙中山组织的中国同盟会

便与同盟会会员靳东阁、王国光等 13 人将西关讷公祠公立高等小学堂拓展为中学，进行活动，并于同年 11 月 28 日，禀准督署立案，定名为保定育德中学，陈幼云为监督（校长）。当时全校教职员均为同盟会会员，学校初创，百事待举，陈幼云身先士卒，在万难之中挺身而进，毫不顾瞻。此后，陈幼云以育德中学为集会场所，聚集读书青年，作为中国同盟会在保定活动的秘密据点。他积极宣传三民主义，经常聚数十人谋划革命；并以改良教育为宗旨，使学生用所学的知识去充实民众生活，扶植社会生存，发展国计民生。他还注重保持与陆军军官学校的学生往来，吸收各界富有革命思想的人加入同盟会。陈幼云以天下为己任，成为华北革命中心人物。

陈幼云归国时，留学生名声煊赫，各地争先聘请，但他为期谋教育之建树，以革命为己任，坚持在育德任职。因忘我操劳，身患肺病。友人相劝，他却说："我既加入革命党，生死早置之度外，何惧劳苦！"终因病情日益恶化，于 1909 年 3 月回原籍休养，8 月病逝，年仅 31 岁。

后世纪念

幼云堂

幼云堂位于保定育德中学旧址（现留法勤工俭学运动纪念馆）院内，建于 1936 年 5 月，是为纪念育德中学首任校长陈幼云而建的纪念堂（含校长办公室）。1937 年 1 月 1 日，育德中学举行了纪念堂落成典礼。纪念堂为育德中学师生捐资修建，整体建筑风格为小式硬山建筑，砖木结构，青砖灰瓦，中西合璧。大门坐西朝东，纪念堂内正面墙上镶有陈幼云的瓷质遗像（30 厘米 ×48 厘米），遗像面部在"文革"期间被砸掉一大块，遗像下面白色大理石的功德碑（39 厘米 ×95 厘米）上，刻有陈幼云的生平事迹。幼云堂及校长办公室总占地面积约 300 平方米。

幼云堂正面
幼云堂侧面
幼云堂内景

宋洛曙故里

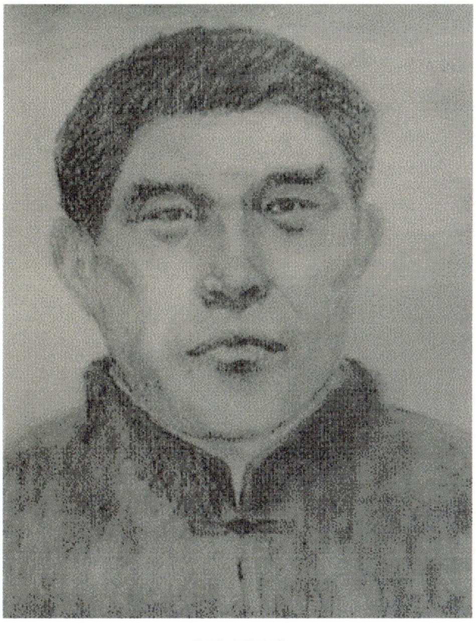

宋洛曙画像

宋洛曙（1887—1932），蠡县宋家庄村人。中国共产党党员，曾任中共博蠡中心县县委书记。高蠡暴动领导人，革命烈士。著名作家梁斌的《红旗谱》中人物朱老忠，就是以宋洛曙烈士生前形象为原型。

故居概述

宋洛曙烈士故居位于蠡县宋家庄村，故居原址已建高蠡暴动纪念馆。当年的宋庄村高蠡暴动指挥部遗址和高阳县人民政府在高阳县城东南15公里西演镇北辛庄村南修建的高蠡暴动纪念馆，都被认定为河北省爱国主义教育基地。

1946年2月，高阳县人民政府在南、北辛庄之间和北辛庄村东分别修建了纪念碑和烈士墓，1957年经省政府批准在纪念碑的南面又修建了纪念塔，1978年重新修葺定名为高蠡暴动纪念馆，1981年将烈士墓迁至纪念塔的北面。墓、塔中间修了六角碑亭和有水泥栏墙的甬道，将塔、亭、墓连为一体，使整个建筑显得庄严肃穆。纪念塔高16米，分3层，塔外横壁书“高蠡暴动殉难烈士纪念塔”。3层内壁有反映暴动经过的系列画卷，塔内陈列着暴动中使用过的武器及其他纪念物，低层的纪念碑分别镌刻着烈士芳名和暴动主要组织指挥者宋洛曙、蔡书林两位烈士的传记。

名人生平

宋洛曙出生于宋家庄一个佃户家庭，10岁给地主当小长工。宋洛曙秉性刚直，好打抱不平。1925年参加了北方农民协会，从事农民运动。1926年10月，宋洛曙、宋志亭、宋宪章3人在本村组织贫雇农80余人，成立宋家庄村农民协会，宋洛曙任会长。1927年3月，由曹承宗介绍宋洛曙加入中国共产党，并建立宋家庄党支部，宋洛曙任党支部书记。宋洛曙经常以卖油、织布、开饭馆为掩护，为党传递情报，宣传共产主义思想。并以村农民协会会长的名义，举办农民夜校，宣传马克思主义，提高农民的阶级觉悟，发动农民参加革命斗争。在中共博蠡支部委员会的领导下，先后组织和领导了反地主豪绅、反苛捐杂税、反盐巡、砸盐店、反割头税的斗争，为反验契、验证，还率领2 000多人到县政府大堂找县长进行说理斗争，均取得胜利。

1932年7月，宋洛曙担任了博蠡中心县县委书记，还兼任了蠡县农民协会主席。当时，博蠡地区党组织已经发展到25个党支部、463名党员，有46个村建立了农民协会，发展会员3 500多名。

为了扩大党的影响，宣传教育群众，使群众懂得更多革命道理，宋洛曙组织党、团员和群众到清苑王盘、蠡县古灵山庙会和万安、小陈集市搞游行，并散传单、贴标语、搞演讲，号召群众起来革命，反对苛捐杂税，反抗对劳苦大众的压迫剥削。

1932年8月23日，中共河北省委为贯彻中共中央北方局扩大会议关于创建北方苏区和红军开展农民游击战争的指示，派省委军委书记湘农到保定主持召开了有蠡县、高阳、定县、完县（今顺平县）县委书记列席参加的党团特委联席会议，讨论了高蠡暴动的形势和具体计划。

8月27至29日，湘农、宋洛曙带领红军游击队接连取得了一系列胜利，30日上午，第一、二大队从南玉田出发了。他们渡过了潴龙河，向高阳东南区进发，直奔高阳北辛庄与第三大队会合。晚上，湘农召开了紧急会议，会上宣布建立苏维埃政府，湘农任主席，宋洛曙任副主席。同时正式成立红军游击队第一支队。在蠡县高小学校门前飘起了镰刀和锤子的大旗，旗上书有“全世界无产阶级和被压迫民族联合起来”，队伍番号是中国工农红军第二十七军第一支队，宋洛曙任副司令员。第二天继续开会时，突然听到了枪声，放哨的队员大喊“敌人来了！敌人来了！”随即就响起了密集的枪声。敌人开始反扑，蠡县国民党县长陈中岳和南玉田的大地主崔如泰二人到安国白凤翔部求援，白凤翔派四十八团副团长汪熔和连长孟兆文率领一个骑兵连前来围剿。他们从31日早晨出发，下午赶到北辛庄包围了游击队会场，实行紧急封锁，游击队员被包围在一所小学校院内。

为了鼓舞士气，宋洛曙脱掉大褂，一边射击一边高喊口号“打倒国民党反动派！”“红军万岁！”为游击队突围赢得了时间，湘农带领着其他游击队员在青纱帐的掩护下顺利转移。在激战中，终因敌强我弱，寡不敌众，在敌人一阵阵疯狂扫射下，宋洛曙身中数弹，壮烈牺牲，时年45岁。

高蠡暴动经过了5天的激烈战斗，共牺牲47人，整个游击队被全部打散。党的好战士，人民的好儿子宋洛曙，实践了他生前的夙愿——为党和人民的利益奋斗终生！

后世纪念

高蠡暴动纪念馆建馆30多年来，在加强革命传统教育和爱国主义教育方面发挥了重要作用，前来参观接受教育的已超30万人次。每年的清明节前后和“八二七”暴动纪念日，广大干部、工人、农民和学生纷纷到此扫墓谒碑，缅怀先烈的英雄业绩。河北省委原书记白克明、省政协原主席付志方等领导先后来纪念馆视察，白克明题写了“高蠡暴动纪念馆”馆名。

高蠡暴动纪念馆里的宋洛曙（署）烈士纪念碑（正面）

高蠡暴动纪念馆里的宋洛曙（署）烈士纪念碑（背面）

梁鉴堂故居

梁鉴堂

梁鉴堂（1897—1937），字镜斋，蠡县辛兴镇梁庄村人，国民革命军陆军中将，抗日英雄。

故居概述

梁鉴堂故居位于蠡县辛兴镇梁庄村中心大街西段路北，故居原大门及其他建筑已拆改或不存，仅保存下3间北房，为陡砖平顶建筑。门窗已改，但门窗上砖砌雨搭尚存，屋顶排水设施保存完好，院落整齐干净。

名人生平

1897年，梁鉴堂生于蠡县的一个农民家庭。他幼年刻苦学习，品学兼优。当时内忧外患，社会动荡，他看到列强分割中国，国破民穷，遂怀着救国救民的志愿投笔从戎。1917年，梁鉴堂考入北京清河陆军预备学校。1920年，保定陆军军官学校毕业后东渡日本，入陆军士官学校第十三期炮兵科深造。1922年，学成归国后，

梁鉴堂故居

入第十五混成旅孙岳部任职。

1924年10月，梁鉴堂任国民革命军第三军孙岳部少校参谋，不久升为上校炮兵团长，参加对直鲁联军李景林、张宗昌部的作战。1926年4月，率部随第三军退驻绥远西部，后第三军被阎锡山改编。1929年夏，梁鉴堂升为晋绥第二保安纵队第六旅旅长。1930年4月，率部驻守唐山，警戒奉军，后奉命撤至天津。1931年12月11日，晋绥军被张学良重新编遣，梁鉴堂任第三十三军第六十九师第二〇三旅少将旅长。

抗日战争全面爆发后，第二〇三旅集结临汾准备开赴前线。开拔前，梁鉴堂动员官兵说："此次抗战，系民族战争，如果失败了，就要当亡国奴。我旅即将开赴前线，人人都要抱必胜的信心，不成功，便成仁，以尽军人之天职。"

梁鉴堂奉命率部在繁峙以北的茹越口正面阵地布防，配合友邻诸部，迎击日军。茹越口位于茹越沟北端，东、西两边是高山，当中只有10多米宽通道。北面是应县，过了沟口，便可到达繁峙。它是恒山上的一个交通要道，一向为兵家必争之地，是日军南下的必经关口。梁鉴堂接到命令后，率领部队星夜兼程，火速赶到茹越口，立即进行作战布防。他亲自来到第一线阵地，检查作战准备工作，鼓励士兵英勇杀敌，誓死保卫家乡，报效国家，与日本侵略者血战到底。9月27日，日军铃木旅团一部2 000余人，附重炮30余门，猛攻茹越口阵地，以威胁平型关防线中国军队的侧背。阵地工事一半被炮火轰毁，防线几至动摇。在敌我力量悬殊的情况下，梁鉴堂亲赴前沿阵地督战，振奋官兵士气。守军官兵冒着日军猛烈的炮火，用手中简陋的步兵武器顽强抗击，与日军血战2个多小时。由于援兵不至，弹尽粮绝，不得已抽调兵力出袭日军侧后，削弱了正面的防守力量，二〇三旅伤亡过半。

28日清晨，大批日军在密集炮火的支援下，又发起了猛烈的进攻，梁部伤亡人数剧增。战斗间隙，梁鉴堂整顿了二〇三旅四〇六团余下的官兵， 重新将他们布防在宋家窑至茹越口之间东、西两侧山上。同时将旅预备队调至宋家窑，支援四〇六团，阻击敌人进攻。战况愈演愈烈，守军将士拼死抵抗，终因力量寡众悬殊，被疯狂的日军突破了正面阵地。梁鉴堂闻听消息，亲率部队反击，双方短兵相接，展开了残酷的肉搏战。眼看两侧阵地也有丢失的危险，梁鉴堂心急如焚。他立即带领一个警卫排和几个卫士急速沿山沟向东南侧四二七团阵地跑去，准备到前沿阵地进行指挥。当他用望远镜观察敌情时，被日军发现，以重机枪射击，梁鉴堂颈部中弹，壮烈殉国，时年40岁。国民政府通令从优抚恤，追赠陆军中将。

后世纪念

2014年9月1日，梁鉴堂被列入民政部公布的第一批300名著名抗日英烈和英雄群体名录。

梁斌故居

梁斌

梁斌（1914—1996），原名梁维周，河北蠡县梁庄村人。著名作家、红色文人画杰出代表。毕业于保定第二师范学校。九一八事变后，年仅17岁的梁斌投身于抗日救亡运动，积极宣传中国共产党的抗日主张，组织发动群众开展武装斗争。与此同时，梁斌长期在文艺界从事文学创作，长篇小说《红旗谱》成为流传已久的名作。

故居概述

梁斌故居位于蠡县梁庄村中心大街中段路南，大门坐南朝北，为一砖砌券门，券门宽大，宽度有1间，屋顶与宅院内北房相连，墙帽为素面青砖陡砌。进入大门是占1间房面积的大门洞，门洞右侧是1间过道屋。过道屋东面开门，南面开窗，窗上有砖砌雨搭，屋顶上墙帽为花瓦墙。排水设施保存完好。梁斌在老家时就住在这间过道屋里。通过大门洞左拐是一随墙小券门，通过小券门

梁斌故居大门

梁斌故居过道屋

梁斌故居过道屋正面
梁斌故居券门
梁斌故居正房及西厢房

进入内院。内院有北房3间，陡砖平顶，东次间墙帽花瓦墙尚存，其余2间已不存，门窗上有砖砌雨搭，窗有改动。西厢房3间，陡砖平顶，最北边1间开门，中间1间开窗，这两间房内部中间无隔断，最南边是单独一间盛放杂物，门窗上有砖砌雨搭，所有房屋的屋顶排水设施保存完好。现梁斌故居格局保存完好，还有家人居住。

名人生平

梁斌11岁就读于蠡县高小，加入共产主义青年团。1930年进省立保定第二师范学校学习，参加过爱国学潮，并亲历家乡的农民革命斗争。1936年在《伶仃》月刊上发表反映河北“高蠡暴动”的小说《夜之交流》。在抗日战争和解放战争期间，参加地下革命斗争、游击战争，并担任中共蠡县县委领导职务。1942年创作短篇小说《三个布尔什维克的爸爸》及据此扩充成中篇小说的《父亲》。1948年随军南下，在湖北襄阳和武汉负责新闻和宣传工作。中华人民共和国成立后曾任河北省文联副主席、中国作家协会河北分会主席等职。1953年开始创作多卷本长篇小说《红旗谱》，1958年出版第一部，被誉为反映中国农民革命斗争的史诗式作品，引起强烈反响，并被改编为话剧、电影；1963年出版第二部《播火记》，1983年出版第三部《烽烟图》。1977年出版了长篇小说《翻身记事》（上部）。1996年6月逝世，安葬于天津元宝山庄生命纪念公园。

梁斌与《红旗谱》

梁斌15岁考入保定第二师范学校。1932年春，全国掀起抗日救亡运动，保定二师学生踊跃宣传抗日活动。国民党当局于7月6日清晨，突下毒手，冲入学校向学生开枪。12名党员、1名团员惨遭杀害，40名学生被捕，史称“七六”惨案。梁斌曾说：“自入团以来，‘四一二’反革命政变，是刺在我心上的第一棵荆棘。二师‘七六’惨案是刺在我心上的第二棵荆棘。‘高蠡暴动’是刺在我心上的第三棵荆棘。自此以后，我下定决心，挥动笔杆做刀枪，同敌人战斗！”

梁斌从1935年开始酝酿《红旗谱》。最初10年，他写了大量文章，《红旗谱》中很多人物、情节在这些作品中初具雏形，如《夜之交流》《三个布尔什维克的爸爸》等。梁斌随军南下时，从束鹿到衡水、石家庄、邯郸等地，参加、领导剿匪反霸、减租减息和土地改革。一路走来，他随身带着个小本子，将百姓的故事一一记录下来，有些写进了《红旗谱》。

1953年6月，梁斌正式开笔《红旗谱》，一年后完成《红旗谱》第一部初稿。梁斌的创作状态异乎寻常，他完全沉醉在《红旗谱》中，不谙生活世事，每天伏案疾书10多个小时。他曾这样描述：“我的创作欲、灵感升到高潮，欲罢不能。黎明起床，略洗漱，即开始写作。早餐时间已到，我还没有写完一个章节，当我写完一个段落，

梁斌构思、创作《红旗谱》场景

饭时已过。午餐、晚餐无不如此。有时写着写着，想起我还未吃饭，其实两顿饭已经过去了……”

梁斌夫人散帼英回忆丈夫创作《红旗谱》时的日子说：“他就像傻了一样，送饭就吃，不送就饿着。不跟人说话，别人说话也不听，但谈起《红旗谱》中的人物时，他马上眉飞色舞起来。写作之后，他脑子仍处在亢奋状态静不下来，除了失眠还是失眠。”那时候，他脑子里除了《红旗谱》，什么都没有。夏天和人聊完天，总忘拿扇子，一个夏天丢了100多把扇子。武汉夏天黏稠的空气令人燥热，梁斌写作的地方没有避暑降温的设施，低头写作，汗滴常会打湿稿纸。为此，梁斌想出了一个“湿被单降温法”。他把被单沾上凉水，挂在屋中，再打一盆冷水，泡上一块毛巾，实在热了，就用冷毛巾擦头、擦洗身上；还热，索性把冷水盆搁到桌下，把两脚放在冷水里。

为创作《红旗谱》，梁斌曾“三辞官”：第一次是辞《新武汉日报》社长之职；第二次是辞中央文学研究所机关党支部书记之职；第三次是辞天津市副市长之位。梁斌辞官的初衷只有一句话：不写好《红旗谱》，无颜见江东父老！终于，共计 120 万字的《红旗谱》三部曲长篇画卷，即《红旗谱》《播火记》《烽烟图》问鼎文坛。《红旗谱》问世，震动整个中国文坛，被誉为里程碑式的名著；继之，《红旗谱》第二部《播火记》、第三部《烽烟图》出版，整体成为中国现当代文学史中的红色经典；加上他暮年向读者呈奉的《笔耕余录》《一个小说家的自述》等著作，这位文学大师以 200 余万字的心血结晶，使世人领略了他的高洁品格、渊博学识、隽永才情和忘我奉献精神。

梁斌的红色文人画

梁斌不仅是位文学大师，而且以亲身革命经历，描绘革命根据地史迹，创立了红色文人画的典范，是一位与时俱进的新文人画杰出代表。

梁斌终生难忘沙场烽火中的战斗生活，时刻忆念着捐躯国难的英烈战友。《梁斌画集》中的第一幅作品《今日陈庄》，就是为纪念贺龙元帅当年率军冀中歼灭日寇精锐的陈庄战役而作，是军民团结精忠报国的一曲英雄赞歌。以狼牙山为题材的一组画作，分别绘出在抗日战争反“扫荡”的激烈拼杀中，五壮士跳崖殉国的即时即景，映现出中华民族忠肝盖地、誓驱敌虏的大无畏精神。画集中白洋淀的场面多次出现，那是因为作者曾冒着硝烟 5 次进出白洋淀，与战友结下生死与共的深厚感情，从而时时魂牵梦绕，连连挥毫留下永恒纪念……所有缅怀战斗行程的画作，镌刻的是血与火熔铸的生命轨迹，成为记录革命往事的珍贵艺术史料，为我国近代美术领域所独有。

梁斌以红色革命者之忠诚笃实，让红色史迹光芒永恒，留下红色文人画在华夏大地生根。

后世纪念

梁斌黄胄纪念馆

蠡县人民为纪念这位文坛巨擘、蠡邑骄子，2014 年在范蠡文化公园建起梁斌黄胄纪念馆，馆名由全国人大常委会原副委员长王丙乾题写。

梁斌纪念园

为了继承和发扬党的优良传统，缅怀老一辈无产阶级革命家的精神风范，进一步加强对青少年一代的爱国主义和革命传统教育，天津蓟州区元宝山庄生命纪念公园和梁斌文学研究会共同发起建立文学巨匠、人民作家梁斌纪念园。纪念园以梁斌纪念碑为主题建筑，由三部分组成：梁斌雕像、主碑及副碑。栩栩如生的雕像自然丰满，一身洒脱；主碑正面3幅浮雕分别以梁斌代表作《红旗谱》《播火记》《烽烟图》的主要人物为原型创作而成，背面是以梁斌的《千年难忘的白洋淀》荷花图为范本用浮雕的手法雕刻而成的艺术画；副碑以黑色花岗岩为背景，采用特殊工艺将于立群夫人手书的郭沫若先生题词镌刻在正面玻璃幕墙上，背面镌刻着梁斌的"满天星斗日，一华落地来"10个大字；墓盖以书的造型进行加工雕琢，翻开的书页上是梁斌巨著《红旗谱》内容摘抄。纪念碑整体采用花岗岩和汉白玉石料，颜色由红、白、黑三种组成，红色代表着梁斌的巨著在火红的革命年代红遍祖国大地，影响和教育了几代读者，黑白结合表现了他是非分明、刚正不阿、真诚正直、淡泊名利的高尚品格。

梁斌纪念园的落成，为天津市增添了一处爱国主义和革命传统教育基地，使之成为对广大青少年进行思想品德教育的主要基地，同时还增加了一个富有深刻文化内涵的红色旅游景点。

梁斌黄胄纪念馆

黄胄故里

黄胄

黄胄（1925—1997），原名梁淦堂，字映斋，曾用名梁叶子、苗迪，蠡县辛兴镇梁家庄人。中国画艺术大师，社会活动家，收藏家。1949 年 5 月参加中国人民解放军，在部队从事美术工作。历任总政治部文化部创作员、中国人民革命军事博物馆美术公司顾问、轻工业部工艺美术公司顾问、中国画研究院副院长，为中国文联第四届委员，中国美术家协会第三届常务理事，全国政协第六、七届委员会委员，第八届全国政协委员会常务委员会委员。出版有《黄胄画集》《喀什噶尔速写》《载歌行——黄胄天山南北作品集》《百驴图》《黄胄作品选》等。黄胄与抗日名将梁鉴堂、著名作家梁斌是堂兄弟，世称梁氏三杰。

故里概述

梁庄村是蠡县历史文化名村。明朝时，山西洪洞县梁家庄人迁居此地，延用旧村名，故名梁家庄，后演变为梁庄，沿用至今。梁庄不仅是国画大师黄胄故里，也是文坛巨匠梁斌、抗日英雄梁鉴堂的故里。村中尚保存有梁斌、梁鉴堂故居，黄胄故居由于年久失修已经倒塌，现仅存遗址。

艺术成就

20 世纪 40 年代初，黄胄结识了早年曾留学法国的画家韩乐然先生，受益匪浅。黄胄拜对自己一生的艺术道路产生了最大影响的赵望云为师。1945 年冬，赵望云的朋友、河南《民报》社长傅恒书约黄胄去黄泛区写生。黄泛区内哀鸿遍野、瘟疫横行，当时国民政府的腐败使黄胄在精神上受到了巨大震撼。他用国画、漫画、木刻等各种形式画了《遍地汹汹黄水》《就这样活下去》等几百幅作品。

黄胄长期深入新疆、甘肃、青海、西藏等地，体察民族风情，以此作为创作基地。他以画驴见长，画风从内容到形式都具有浓郁的民族特色和生活气息，创作有《人畜两旺》《苹果花开的时候》《打马球》《庆丰收》等反映少数民族生活的作品。画作《爹去打老蒋》获第一届全国美术展览一等奖，《打马球》获全国青年美术展览一等奖，《洪荒风雪》获第六届世界青年联欢节美术作品金质奖章。《松鹰图》《百驴图》被作为礼品赠送外国元首和国际友人。20 世纪 70 年代后期，为纪念周恩来，黄胄绘制了《鞠躬尽瘁为人民》的传世之作。

当时，徐悲鸿对黄胄作品大为赞赏。据说，第一次美展排选作品，徐先生几次将黄胄作品从众多参选作品中拿出，并且讲宁可自己的作品不展，也要展这个年轻人的作品。

黄胄每一幅作品，都散发着浓郁的生活气息，朴实无华。“我的绘画，都是从生活中来的，生活是源泉、是根。离开生活就没有激情，画也慢慢变颜色。”他创造的写意泼墨与工笔重彩相结合的独特画法，对中国画的发展起到了历史的推动作用和

黄胄在作画
黄胄在新疆写生蜡像
黄胄绘画作品《谈心》
黄胄绘画作品《庆丰收》

创造性的贡献，开创了中国画坛的一代新风。

如果把黄泛区看作黄胄艺术观产生转折的地方，那么新疆则是他艺术生活的基地。新疆各族人民的生活是黄胄绘画的重要题材，为了更好地表现沙漠中绿洲上能歌善舞的维吾尔族、哈萨克族等民族豪爽奔放的性情，为了表现祖国的西北边疆之美，他多次到新疆各地深入生活写生作画，与边疆牧民同吃一盆抓饭，同睡一个毡房，结下了深厚友谊。

炎黄艺术馆

20 世纪 50 年代，黄胄正式开始收藏。那时工资很低，只有 80 多元，他全用来搞收藏了，卖画也是为了买画及古玩。黄

炎黄艺术馆

胄的画当时卖得极便宜，也就 20 至 30 元一幅（当时齐白石的作品 45 至 50 元一幅）。为了收藏，他欠了不少账，但他认为这样做很值得。

1986 年，黄胄在新加坡办个人画展时引起了轰动，有人提议建立黄胄艺术馆。他说："我个人不足以建馆，要建就建属于炎黄子孙乃至人类的炎黄艺术馆。"经过 4 年的筹措兴建，中国第一座大型民办公助的现代化艺术馆——炎黄艺术馆建成了。黄胄任艺术馆馆长，并捐献出自己收藏的古代书画文物 200 余件和代表作、速写作品 1 000 余件。建馆后，炎黄艺术馆在保护与弘扬民族艺术、推动艺术教育公益事业发展以及加强国际文化交流等方面做了很多工作。黄胄的艺术道路、治学精神以及对推动民族文化发展的执着追求，在国内外影响深远。

趣闻轶事

多才多艺，喜结良缘

黄胄对戏曲很感兴趣，很多地方戏也很熟悉，他的河南坠子、山西梆子唱得相当不错。20 世纪 50 年代，他在西北教学时常唱给学生听，也吸引了郑闻慧女士，终于喜结良缘。

精益求精，躲过一劫

唐山大地震前，唐山市政府邀请黄胄前去画瓷器。对艺术精益求精的黄胄，因不满自己创作的《曹雪芹》，数易其稿，婉谢邀请，没想到躲过人生一劫。有人说是“曹雪芹救了黄胄”，实在是黄胄对艺术的执着救了自己。

病中作画，挥汗自喜

“文革”时期，黄胄身心备受摧残，因脊椎综合征住院长达 2 年零 9 个月。住院期间，他忍着手脚麻痹的痛苦，在腿上放画板作画。在《小鸡图》上，他写道：“此 1978 年病中作……能提笔作画，不致残疾，挥汗自喜也。”

中国与日本签订和平友好条约时，赠送日本的国礼《百驴图》也是他住院时创作的。黄胄自我解嘲：作画是镇痛良药。他就这样以生命之力投入艺术创作，不知疲倦地去笔耕。

后世纪念

蠡县人民为纪念这位文坛巨擘、蠡邑骄子，2014 年在范蠡文化公园建起梁斌黄胄纪念馆，馆名由蠡县籍的全国人大常委会原副委员长王丙乾题写。

坐落于梁斌黄胄纪念馆的梁斌（左）、黄胄（右）雕像

赵亚曾故里

赵亚曾

赵亚曾（1899—1929），字予仁，蠡县南莲子口村人。我国著名古生物学家、地层学家、区域地质学家。1929年因公遇害，英年早逝。逝世前仅仅工作6年，但在地质研究方面取得开拓性贡献，丁文江悼诗“三十书成已等身，赵生才调更无伦”代表了科学界的公论。

故里概述

在蠡县城东偏南，与沧州市肃宁县相邻，潴龙河南侧，有东、西、南、北、中5个莲子口村，其中南莲子口村便是赵亚曾故里。据传，这里古代曾是一片湖泊，春秋时期越国大夫范蠡辅佐越王勾践灭吴后，携西施北上过此地，美人西施将从太湖带来的莲子投入湖中，而生千顷芙蓉，时谓“西子莲花湖”。后人来此建村，因定居方位不同，故称东、西、南、北、中5个莲子口村。南莲子口村因位于莲子湖南面而得名。时光流逝，沧海桑田，莲子湖干涸，莲子湖地名流传下来。

据记载，南莲子口村也曾被称为赵家村，有600多年的建村史。

明永乐二年（1404年），赵百年与其表兄弟黄士明携家带口，由山西小兴州迁来，在此建村，自命赵家村。之后又有北面的留史村孙氏（云亭）等带着家人陆续从别处迁徙过来。随着时间推移，居民繁衍，村子渐渐扩大，形成了一个平原大村。20世纪80年代以前，村边的潴龙河水常年流淌，汇入白洋淀。每年的夏季，河水涨满堤槽，波涛滚滚，颇为壮观。秋后，淀民商船逆流而上，载淀产芦苇、莲藕到中上游销售，又在中上游购得产品满载而归。数百年来，当地百姓在此耕耘劳作，繁衍生息。

名人生平

赵亚曾出生在一个小地主家庭。他自幼聪敏好学，成绩超群。他在家乡念完小学以后，考入保定育德中学。1917年中学毕业后，考入北京大学理科预科。1919年入北京大学地质系本科学习。1920年参加筹组北京大学地质学研究会，为首批会员之一。同年，留英硕士、载誉归国的年轻地质学家李四光与应聘来华的著名地质学大师葛利普同时来北京大学地质系任教，对赵亚曾等人的教诲和影响很深。1923年，赵亚曾毕业于北京大学地质系，留任地层古生物学助教，并兼农商部地质调查所调查员。1924年，与田奇㻪等人调查冀豫交界之六河沟煤田，与谢家荣等人调查鄂西地质矿产。1925年，赴东北南部调查石炭系煤田。1926年，与李四光联名发表重要地层学论著《华北古生代含煤地层的分类和对比》。同年，与刘季辰调查浙江西部地质。1927年，他的古生物学代表作《中国长身贝科化石·上卷》发表。1928年，任农矿部地质调查所技师兼古生物研究室主任。同年，与侯德封、李春昱调查开平盆地附近地质。1929年2月，在中国地质学会第六届年会上，当选为学会评议员（理事）。同年，在中国古生物学会成立大会上，当选为首届评议员（理事）。1929年，与黄汲清经陕西秦岭入四川，再下云南。同年11月15日，在云南昭通县（今昭通市）闸心场被土匪枪杀。这位处在事业鼎盛时期的青年科学家英年早逝，留下无数遗憾。

科学成就

赵亚曾是古生物学家和地质学家。在北京大学学习期间，赵亚曾受到葛利普、李四光等名师指教，同时他不仅基础理论与方法知识掌握得非常扎实，还精通英语，也懂德、法、日语，连当时传播还不普遍的俄语，他也能在短时间内入门。这使他查阅文献十分得心应手，解决科研问题自然如虎添翼。再加上他敏锐的、精密的野外观察能力，使他在古生物研究和大地构造学研究方面取得了开拓性的成就。

在古生物研究领域，赵亚曾重点研究的是腕足类和瓣鳃类，尤其在前者研究中取得重大突破。1927 年，他在《中国古生物志》发表了《中国北部太原系之瓣鳃类化石》，堪称中国晚古生代瓣鳃类古生物学之重要奠基性著作。同年问世的还有他的代表作《中国长身贝科化石》的上卷，其下卷则于 1928 年出版。在此两部专著中，他对晚古生代这一类重要化石做了综合性的深入研究，提出了崭新的分类方案。在 20 世纪 20 年代末，不少国际同行也在总结这些古生物的分类工作，孕育着新的突破。赵亚曾率先发表了这样高水平的成果，有力地促进了这些领域的发展。1929 年，赵亚曾另一重要专著《中国石炭纪及二叠纪石燕化石》出版问世。这部专著对中国石炭纪、二叠纪石燕贝动物群之研究具有开创性意义，与前两部一起被国内外同行奉为经典之作。

赵亚曾在短短 6 年中跑遍大江南北、长城内外，从事区域地质与矿产地质（特别是煤田地质）研究。他调查研究过东北区的辽宁本溪湖煤田，华北区的河北磁县、临城、开滦煤田，华东区的山东章丘煤田及浙江西部 20 余县地质矿产，中南区的河南安阳六河沟煤田，湖北西部地质矿产，西南区的四川、云南地质矿产，西北区的陕西秦岭地质矿产。对这些区域调查研究后，赵亚曾发表了重要的论文和报告。这当中最突出的是，他通过区域矿产调查解决了重大地层问题，并以此指导生产实践。例如，《山东章丘煤田中之海成地层》一文就是他对石炭纪煤系地层新划分之结果，有很大实际意义。

1929 年，赵亚曾前往四川峨眉山开展地质研究。雄踞“天府之国”成都平原南边的“离天三尺三”的峨眉山，直到 1929 年还是地质学上的处女地。赵亚曾利用野外工作间隙，花了 5 天时间攀登峨眉山，3 天上山、2 天下山，完成了 1 幅地质图和 1 幅地层剖面图，还发现了化石。他不仅将峨眉山地层划分清楚，而且比较准确地揭示了峨眉山的地质构造全貌。他把峨眉山地层划分为震旦系、寒武系、二叠系、二叠系玄武岩以及三叠系、侏罗系等层位。这一辉煌成就是用今天的眼光来看，也是令人惊叹的。1929 年 8 月间，中山大学地质系瑞士籍教授阿诺尔德·韩墨率一地质调查队（包括张鸣韶、李殿臣两位地质学家）在成都见到赵亚曾，言及欲去峨眉山，向赵亚曾索要研究成果，赵亚曾毫无保留地给了他，并多加指点、提供线索。后来韩墨一行花了更多时间考察峨眉山地质，虽然其所取得的成果更多、图件也更精细，但其对于地层及构造方面的结论却并没有超过赵亚曾。

赵亚曾结束在峨眉山的工作后，紧接着又赴构造十分复杂的四川彭县（今彭州市）白水河铜矿区进行地质考察。他发现在白鹿顶、小鱼洞、天台山等地，二叠纪石灰岩逆掩在“侏罗纪煤系”之上，造成一系列飞来峰。在他发表的《四川地质简报》一文中，这些飞来峰清晰无误地勾画在地质图及剖面图上。这是中国地质学家第一次揭示阿尔卑斯型纳布构造在中国境内的存在，为后来的工作打下了基础。

赵亚曾还指出，白水河地区有一条东北－西南走向的大断层，把古老变质岩系与侏罗纪煤系分开。经后人研究，特别是经物探证实，这便是控制着扬子地台西部边界的“龙门山深大断裂”（壳形断裂），他的早期见解对认识中国大地构造特征有着深远的影响。

赵亚曾与黄汲清在秦岭山脉和四川盆地（主要是北部）所做的详细调查材料，由黄汲清整理成专著《秦岭山及四川地质之研究》，于 1931 年以赵、黄二人名义发表，堪称中国区域地质学之经典。此书共分绪言、地理、地层系统、地质构造、经济地质五章。在“地层系统”一章中，他们除援引了李四光、赵亚曾在三峡地区创立的若干地层单位名称外，还创立了晚前寒武纪的秦岭系（秦岭轴）、震旦纪及寒武奥陶纪的柞水系、志留纪石瓮子灰岩、泥盆纪的古道岭灰岩及江油系寺板岩、石炭纪的略阳灰岩和镇安系、二叠纪的草凉驿系、古生代变质地层岷江系和白水系、三叠纪的飞仙关系和嘉陵灰岩、侏罗纪的滴水铺系、白垩纪至始新世的东河砾岩和徽县系等，这些名称大部分沿用至今。《地质构造》一章中，除论述褶皱、断层形态外，指出秦岭山脉主要形成于海西期和燕山期造山运动。“经济地质”一章中，论及了铁、铜、金等金属矿，盐、煤、石油、天然气、石膏等非金属矿。此书着重指出了秦岭是中国南北方的主要分界线。秦岭北坡少雨、植被少、多黄土堆积，南坡则多雨、植被繁茂、无黄土沉积。这对中国地质、地理上这一关键性地区的开创性研究有重大意义。

历史评价

赵亚曾短暂而光辉的一生，在地质科学各领域取得了卓越的成就。他忠于祖国，无限热爱地质科学事业，勇敢进取，顽强拼搏，他留下的宝贵学术遗产和精神遗产使后来者受益无穷。

后世纪念

中国地质界同仁为了表示对赵亚曾的深情纪念及对赵氏遗属的关怀，特募集捐款，大多数份额由中国地质学会用以设立“纪念赵亚曾先生研究补助金”，用来鼓励中国地质学者从事专门研究，以贡献于地质学及古生物学的进步，小部分则用作赵亚曾的“子女教育基金”。

农矿部地质调查所、中国地质学会、北京大学地质系为他联合举行了追悼会，并在北平（今北京）西城兵马司胡同地质调查所前院为他竖立了纪念碑。

葛利普的悼文《赵亚曾君行述》说：“今赵君死矣，科学界顿失去一最诚恳、最有望之同志，中国丧失其一未来之领导者，吾辈——其友若师——失去一益友而少他山之助，而尤以中国之损失为最大。”

翁文灏的悼文《赵亚曾先生为学牺牲五年纪念》中说：“赵君在所6年，调查则出必争先，研究则昼夜不倦，其进步之快，一日千里，不特师长惊异，同辈叹服，即欧美、日本专门学者亦莫不刮目相待，十分钦仰，见之科学评论及通信推崇者，历历有据”，“青年学者中造就如此之速而大者，即在世界科学先进国中，亦所罕觏”。

丁文江有《悼赵予仁》七律4首，在此选录一首：“三十书成己等身，赵生才调更无伦。如何燕市千金骨，化作天南万里尘。半载崎岖乡梦远，百重烟瘴客魂新。夜郎一枕伤心泪，仿佛西行见获麟。”

何作霖故里

何作霖

何作霖（1900—1967），字雨民，河北蠡县小汪村人。中国科学院学部委员（院士）。著名矿物学家、岩石学家、地质教育学家。何作霖发现并研究了白云鄂博铁矿中的稀土矿物，为开发中国稀土资源做出了重大贡献。他长期致力于光性矿物学的研究和教学，他的《光性矿物学》一书是该学科重要的教材。他还是中国岩组学的开拓者，在世界上最早开展X射线岩组学研究，并发明了X射线岩组学照相机。代表作《赤平极射投影在地质科学上的应用》享誉国内外。

故里概述

蠡县小汪村位于沧保省道公路南侧，是我国著名地质学家何作霖的故里。小汪村是毛巾生产加工专业村，是远近闻名的“纺织之乡”。另外，麻山药生产受到当地人的青睐，他们不但在本乡本土种植，还去外边包地种植，使小汪村被誉为“麻山药之乡”。

更令人称道的是小汪村还是有名的戏曲之乡。河北梆子是山陕梆子流入河北演变而成，形成于清道光年间，几百年久演不衰，是中国北方影响较大的传统戏曲剧种之一。2006 年，河北梆子被国务院列入第一批国家非物质文化遗产名录。

自古以来，小汪村就是一个崇文尚武的村子。这里的人们爱听爱唱河北梆子。20 世纪 50 年代，村里就建起了小剧团，从高阳县北蒲口等地请来王朴等老师，还多方筹措资金购置了行头。剧团先后排演了《宝莲灯》《大登殿》《蝴蝶杯》《秦香莲》等传统剧目。在村北筑起土台子，在农闲和逢年过节给村民们唱高台。 到 1957 年，村剧团增至 90 余人，在周边几十里算是规模可观的剧团。他们不但在大型庙会和集市及附近村庄演出，还在全县戏曲会演中夺得过第一名。 深厚的文化底蕴和戏曲情怀，使小汪村人充满乐观向上的精神。

名人生平

何作霖出生于书香世家。父亲何诸昌是前清秀才，曾在保定、天津一带教书。何作霖的童年时代是在小汪村度过的，受的是私塾教育。1914 年考入保定育德中学，1918 年毕业。在毕业典礼上，校长王国光鼓励学生：要富国强兵，唯有开发地下资源才是根本办法。何作霖在这一思想影响下，投考了天津北洋大学采矿系，并积极投身五四运动。学生运动失败后，转入北京大学地质系，师从李四光、丁西林。1926 年毕业后，先后在河北大学、北京大学任教，并在国民政府“中央研究院”地质研究所任研究员。1938 年，到奥地利茵城大学岩石矿物系深造，受教于岩石学家林德尔教授，学习岩石组构学，获理学博士学位。1940 年，在德国莱比锡大学矿物系随晶体学家施博特学习结晶构造学。6 月归国，何作霖本来打算乘船往越南海防，赴桂林中央研究院地质研究所就职。途中，日军占领海防，他只得折回上海。中央研究院电令他在沪前北平研究院的镭学研究所工作。在那里，他和物理学家陆学善建立了友情，这对他后来在 X 射线岩石组构学取得开拓性成就是分不开的。

1941 年 12 月，太平洋战争爆发。上海“孤岛”不复存在，镭学研究所关闭，何作霖潜回北平（今北京），闭门写作。1945 年抗战胜利，日伪时期的北京大学和北京师范大学整编为北平临时大学，他任地质系主任。1946 年经李四光推荐，到山东大学（在青岛）筹建地矿系，任系主任、教授。

中华人民共和国成立后，何作霖任山东大学教务长兼地质矿物学系主任。1952 年调中国科学院地质研究所任特级研究员，1955 年任中国科学院地学部学部委员、地质研究所学术委员会主任兼矿物学岩石学研究室主任。在矿物岩石学的许多学科领域，如光性矿物学、岩石组构学、X 射线结晶学、稀有元素矿物学、工艺岩石学等方面均做出卓越贡献，尤其在岩石组构学方面的研究成果，在国内外有重大影响。他发现了几种岩石组构的新类型，1947 年发表的论文《X 射线岩石组构分析》，在国际上颇负盛名；在岩石组成研究中，他设计制造的 X 射线岩石组构照相机，是世界上该类型仪器中最早的一种；1964 年所著《赤平极射投影在地质科学上的应用》一书，是世界地质文献中最早关于赤平极射投影应用的总结，内容十分丰富，有很高的学术价值。另外，他的《湖北阳新大冶一带火成岩之分类》《弗氏旋转台使用说明》《光性矿物学》《岩石制片术》《结晶体构造学》等著作，不仅具有较高的研究参考价值，而且对培养地质人才、丰富我国矿物岩石学宝库，发挥了重要作用。

1955 年，继丁道衡教授发现白云鄂博大铁矿后，何作霖发现白云鄂博铁矿中含有丰富的稀土元素，并在《中国绥远省白云鄂博的某些稀土元素矿》一文中，首次揭示了白云鄂博稀土元素的特性，为白云鄂博铁矿和包钢建设提供了翔实的理论依据。直到去世前，他一直指导白云鄂博稀土元素的研究工作。

治学严谨，诲人不倦

何作霖几十年如一日，以其明察秋毫的观察力在偏光显微镜下工作，记下了几大本矿物的光性特征。在“文革”时期，他仍闭门著书，完成了最后一部专著：《薄片内透明矿物鉴定指南》。他常说，自己在地质学中只了解岩石矿物这个分支学科，对其他学科不甚了了，不能夸夸其谈。他常对青年人说："你们新思想多，有些东西我还不懂呢，你们自己大胆干吧。"这些话出自一个特级研究员之口，反映了他谦虚的美德。他严格要求青年人，制订出一本青年人基本功训练条例，规定了每个刚参加工作的人要训练的内容，要做什么实验，要看什么标本、什么薄片，要写多少报告。不过此关，绝不分配研究任务。对于手下工作人员，只要有所发现，就倍加称赞，鼓励其写成论文并亲自帮助修改，并推荐到相关杂志发表。

何作霖在中国的岩石学和矿物学方面有极高的学术地位，但他从不以权威自居，例行学术民主。一次他指定一个研究生研究某个方向的题目，这个学生有异议，他耐心听取其申诉理由后，觉得想法可取，非但没有介意，反而热情帮助学生制订培养计划并精心指导，结果这个学生在新领域内做出了成绩。几十年过去了，每当人们谈起何作霖时，无不怀念他学术上的民主作风以及他对青年人的严格训练和热情培养。

后世纪念

1985 年为纪念何作霖诞生八十五周年，《岩石学报》出版了纪念何作霖的专刊，缅怀他为祖国的地质事业做出的巨大贡献。

曲阳县

何明清故居

何明清

何明清(1897—1970),原名凯瑟琳·霍尔(Kathleen Hall),女,新西兰国际友人。抗日战争期间,何明清是白求恩在晋察冀边区行医时的亲密战友,她在晋察冀边区行医送药,救死扶伤,舍生忘死,当地百姓称颂她为“战地天使”。

故居概述

位于曲阳县郎家庄乡北宋家庄村的何明清小学,始建于1921年,是国际友人何明清工作和生活过的地方,当时属于私立小学。1939年,何明清来宋家庄投资建校(当时学校名称不详),后来发展到学生60余人,分为白、夜两班。1940年至1949年战乱时期,校址不定,教室短缺,学生分散。1949年后,北宋小学属国办小学,发展到6个班。1967年,学校进行重建,校舍发展到21间,占地面积715平方米。改革开放之后,何明清的家人遵照她的遗愿捐款数万元援建北宋

何明清小学

小学。1985 年，新中友好协会，将北宋小学命名为何明清小学，并赠铜匾 1 块，上刻：新中友谊万古长春。1991 年，校址搬迁到何明清教堂，占地面积 425 平方米。1995 年由新西兰驻华大使馆捐款 47 000 元及村民捐款 14 700 余元重建，在村北建教学楼 1 座，教学楼建筑面积 315.5 平方米，占地面积 3 150 平方米。

名人生平

1922 年，何明清被新西兰圣公会派到中国，先在北京、山西等地传教行医。1927 年，在安国博爱医院任护士长，并负责行政和管理方面工作，后又主动申请到地处山区的曲阳县宋家庄和唐县牛眼沟开办诊所。此间，她举办过两期护士培训班，培训出 60 名女护士。

1938 年，何明清到唐县、曲阳交界的山区牛眼沟和北宋村设立了 2 家诊所，建起了 1 个乡间澡堂和 1 个婴儿卫生室。她还向当地妇女宣传卫生知识、创办夜校、免费给农民发放食品。其间，目睹了日军烧杀抢掠的罪行，毅然投身抗日行列，奔波于炮火连天的战场，为抗日伤员治疗，并以诊所做掩护转移、救治抗日干部。后与白求恩相识，结为挚友。她利用持有英国护照的便利条件，去北平（今北京）为八路军购买药品、器械及一些军用物资，并以宗教为掩护，宣传抗日形势，动员知识分子和医务人员到晋察冀边区来。仅 1938 年至 1939 年间，她就以中华圣公会的名义，冒着极大的危险出入日军一线，为边区购买药品、运送物资 30 多次，动员 70 多人来边区工作。侵华日军对她的举动恨之入骨，于 1939 年 7 月烧毁其诊所。因日军缉拿，何明清辗转数地，只得归国。回国后，她继续从事和平运动与新中友好工作。

1960 年，何明清受时任中国国务院总理周恩来之邀到北京参加国庆典礼。她十分想到牛眼沟和北宋村看一看，由于各种原因未能成行。1970 年何明清去世，其骨灰一部分葬于曲阳烈士陵园，一部分撒在北宋村莲花山。

战地情缘

1938 年 12 月底，白求恩率医疗队到唐县牛眼庄医院检查工作时，听说附近的曲阳宋家庄有位中文名字叫何明清的新西兰传教士开了家诊所，她一直在无私帮助当地穷人，聂荣臻司令员对她评价很高。

白求恩当时已经很长时间没有见到来自英语国家的人了，听到这个消息很高兴，就和他的翻译董越千一起去拜访何明清。白求恩果然不虚此行，因为他发现何明清订有《泰晤士报》，还有很多英文书籍，这对渴望了解世界的白求恩来说，无疑是极大的喜讯。

更大的喜讯是，白求恩了解到何明清会定期乘车去北平，为自己的诊所采购药品。作为新西兰人，当时何明清持有英国护照，行动相对自由。白求恩很快断定她是可信赖的人，他主动邀请她到八路军后方医院看看，意在让她了解八路军缺医少药的情况。

得知很多八路军伤员由于缺医少药耽误治疗导致残疾后，何明清马上让身边的工作人员把自己诊所的手术器械和外用药品都收集到一起，给白求恩送去。工作人员不解地问："那咱们用什么？"何明清说："八路军正缺这些东西，咱们要用可以去北平买。"

一个晚上，白求恩被何明清诊所的门房叫醒，原来，安国一个游击队员在埋雷训练时炸伤了腹部，何明清发现手术难度很大，她想到了白求恩。白求恩连夜骑马赶到安国，仔细察看伤情后，干净利索地完成了手术，这让她非常佩服。他们之间的共同语言越来越多，在这种情况下，白求恩向她提出了帮忙买药的请求。此后的

3个月，何明清就自掏腰包购买了足够八路军卫生部门用一个冬天的药品。

1939年7月，何明清被日军宪兵抓获，并被强行驱逐出境。这一次分别，命运没有再给她和白求恩重逢的机会。1939年11月11日下午，著名的国际主义战士白求恩在弥留之际，写下了那封感人肺腑的遗书："亲爱的聂司令员：我今天感觉非常不好，也许我会和你永别了。告诉加拿大和美国，我十分快乐，我唯一的希望是多有贡献……"在这封遗书中的最后一句话，白求恩写道："请转达我对凯瑟琳·霍尔（何明清）最诚挚的谢意，感谢她对我的帮助。"

何明清访华

辗转到达贵阳之后，何明清接到了白求恩去世的消息。"我依然记得他目送我走上十字路的情形。他看上去是如此消瘦和疲倦，但仍然面带笑容地与我作别。我怎会知道这竟是我们的永别。"何明清这样回忆与白求恩分别时的情景。"听到他去世的消息，就像听到我的两个哥哥在'一战'时战死的消息一样令我悲伤……"她在回忆录中这样写道。

1960年国庆节期间，作为国际友人，何明清应邀来华并登上了天安门观礼台。周恩来、聂荣臻、宋庆龄等老朋友都与她见了面。终于得偿所愿的何明清来到石家庄华北烈士陵园的白求恩墓前，亲手献上了一捧鲜花。仰望面前的白求恩雕像，她禁不住泪流满面。在白求恩墓旁，何明清捧起了一抔泥土，用手帕仔细包好。

历史评价

何明清在20世纪20年代初由新西兰圣公会派遣到中国。抗日战争爆发后，她利用自己的传教士身份为八路军的白求恩医疗队运送药品、器械和电台，培训护士。她用一生把自己的爱无私地奉献给了需要帮助的中国人民。她的中文名叫何明清，寓意"圣洁、诚挚和光明"。何明清回国后，仍然积极从事维护世界和平与新中友好活动，曾任中新友好奥克兰分会执委、新西兰和平理事会理事等职。1960 年、1964 年两次应邀来华访问，为中新友谊做出了不可磨灭的贡献。

后世纪念

1970 年，73 岁的何明清在新西兰平静地离开人世，遵照她的遗嘱，她的骨灰被送回中国，送回她曾经战斗过的晋察冀。曲阳县人民政府把她的骨灰一部分掩埋在烈士陵园，一部分撒在了宋家庄的莲花山上。

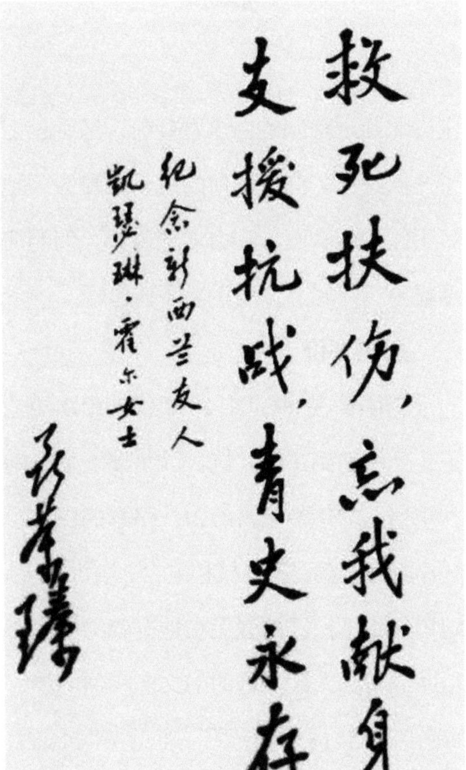

聂荣臻题字

在曲阳宋家庄村由何明清家人捐助的何明清小学中，一尊何明清身背药箱、手持手电筒的汉白玉雕像矗立在校园正中央。站在学校的楼梯上极目远眺，一座纪念这位国际友人的五角亭耸立于不远处的莲花山上。

1990 年，聂荣臻元帅为何明清题词：“救死扶伤，支援抗战，忘我献身，青史永存。”为纪念何明清女士，2001 年由新西兰新中友好协会和工会国际组织等共同发起并捐助的何明清诊所在北宋村正式落成。

2016 年，保定市方志馆（抗日战争史料馆）设立“何明清纪念室”和“何明清研究中心”。

顺平县

韩永禄故居

韩永禄

韩永禄（1905—1931），出生于河北顺平县（1993年，完县改名为顺平县），革命烈士，五里岗农民暴动领导人。

故居概述

韩永禄故居位于顺平县永禄村（原西五里岗村，后为纪念韩永禄改为永禄村）中街西部路南，原为北方大户人家农宅，瓦房明柱出檐式建筑为正房，还有长工房、仓房、牲口屋、大车库、柴棚等建筑。1930年8月，韩永禄领导的五里岗暴动失败后，本村的地主、富户们对他疯狂报复，拆毁了他家的所有房屋，将木料、砖瓦和所有家财抢劫一空。1949年后，政府和人民对他的故居进行了整理，院内修建了纪念暴动和在暴动中英勇牺牲的革命烈士的纪念碑，投资建设了韩永禄纪念馆。1989年，韩永禄故居被完县（今顺平县）人民政府公布为完县第一批文物保护单位。

韩永禄故居

名人生平

韩永禄，又名韩煜，曾化名刘士贵，1905 年出生于河北省完县西五里岗村。1922 年入保定育德中学学习。1924 年组建进步团体“学友会”，同年加入中国共产党，年底在本村发展了保西地区第一个党小组——西五里岗党小组。1926 年 3 月，赴广州到毛泽东主办的第六届农民运动讲习所学习。回到完县后，他积极发展党员，建立党的基层组织。1927 年中共完县县委成立，韩永禄任书记。

1930 年 6 月，韩永禄遵照中共顺直省委和保属特委指示，成立五里岗农民暴动委员会，定于农历八月举事。后因突发事件，暴动提前举行。韩永禄带领暴动农民抓获五里岗地主，开仓济民，缴获武器，武装民众。满城、清苑、望都等县农民积极响应，纷纷参加，暴动队伍达到 500 余人。8 月 17 日，在韩永禄家乡西五里岗村成立了中国工农红军第二十二军，韩永禄任总指挥（政委）。从 8 月 21 日到 23 日，韩永禄率领队伍攻打完县县城两天一夜，但因敌众我寡、城池坚固，未能攻克。为保存革命力量，部队打算转入涞源山区坚持战斗，但途中遭遇援敌的突然围攻，队伍伤亡严重。韩永禄将部队化整为零，分散突围。

五里岗暴动失败后，韩永禄被组织派往博（野）蠡（县）中心县委，参与组织领导高蠡农民暴动。暴动失败后，又奉中共顺直省委指示到晋县领导农民暴动，任红六十军军长。1931年1月26日，因叛徒告密，韩永禄在晋县（今晋州市）东关策划武装暴动时，被国民党当局逮捕。后被解往北平监狱羁押。在狱中，面对敌人的威逼利诱和严刑拷打，他严守秘密，坚贞不屈。他领导狱中同志建立起党的特别支部，开展绝食斗争。1931年9月28日，被敌人杀害于北平（今北京）天桥，年仅26岁。1983年5月1日，中华人民共和国民政部公布韩永禄为革命烈士。

后世纪念

完县解放后，社会各界在韩永禄故居建亭立碑，并建立了一座300平方米左右的纪念馆，成为顺平县中小学生爱国主义教育基地。

1958年，西五里岗村被命名为永禄村，将县城以西、以南和东南面的村庄划为一个大公社，取名永禄公社，永禄公社所属的完全小学称为永禄完小。

完县评剧团编排了大型评剧剧目《五里岗暴动》，长期在保西各县演出，使威武震撼的暴动场景和韩永禄的英雄形象家喻户晓，深入人心。

1963年8月，中共完县县委、县政府和县各人民团体在县烈士陵园为韩永禄烈士立“浩气长存”石碑1幢，并建有碑亭。

1964年3月，中共完县县委、县政府和县各人民团体在县烈士陵园为五里岗暴动专立“义贯千秋”石碑1幢，也建有碑亭。

21世纪初，顺平县将新开辟的最宽阔、最靓丽的大街命名为永禄大街。

唐县

白求恩故居

白求恩

亨利·诺尔曼·白求恩（Henry Norman Bethune，1890 年 3 月 3 日 —1939 年 11 月 12 日），加拿大共产党员，国际主义战士，著名胸外科医师。于 1938 年初，率加、美援华医疗队，远渡重洋来到中国，帮助抗战。1938 年 6 月，转赴晋察冀军区，担任军区卫生顾问。1939 年 6 月底，率东征医疗队返回冀西唐县担任军区卫生部顾问。1939 年 9 月 18 日，白求恩筹建的晋察冀军区卫生学校在唐县牛眼沟村正式成立。为了配合教学活动，白求恩先后编写了《战地救护须知》《战伤治疗技术》《初步疗伤》《消毒十三步》等 20 多种医疗卫生教材。白求恩逝世后，这所学校被命名为白求恩学校。

故居概述

白求恩故居位于唐县西北部 49 公里的军城镇牛眼沟村。1939 年 8 至 9 月，白求恩在唐县牛眼沟村创建晋察冀军区卫生学校，期间住在村民甄洪恩家两间连通的西房。房屋为中国北方山区传统的民居，始建于清代晚期。

建筑格局

晋察冀军区卫生学校旧址有两处，分别位于东部山坡上和东北沟内，当时均作为教学点使用，白求恩住在东北沟教学点内。东坡旧址占地约200平方米，有东房4间，为硬山灰布瓦结构，普通木门窗，是当时该地居民典型建筑，房屋四周建有围墙；东北沟旧址占地约150平方米，有东房3间、南房2间、西房2间，白求恩当时在西房内居住。

白求恩居住地院落归甄洪恩、甄胜利、甄占法、甄胜民4家所有。其中，甄洪恩家西房两间连通，中间有一架人字坨梁；甄胜利家南房3间（其中西侧一间为碾坊）；东房5间分别为甄洪恩家2间、甄占法家2间、甄胜民家1间；过道1间为共有。房屋墙体为毛石砌筑，屋顶为人字形，前后带坡，灰布瓦盖顶。

保护现状

现东北坡旧址被石家庄白求恩军区学院作为一处爱国主义教育基地，屋内布置了有关白求恩和白求恩军医学院的图片展及白求恩用过的手术台。

现在，白求恩居住地（甄洪恩家西房2间）已无人居住，2015年，中国人民解放军白求恩医务士官学校出资对白求恩当年住过的两间西房进行修缮并租用30年，由该村村委会代为管护。在修缮过程中，基础、木构均保持原样。主要实施墙体拆砌和挑顶挂瓦工程。门窗为原有门窗。房东甄洪恩家已迁新址。其他房屋保持原样。

名人生平

1890年3月3日，白求恩出生在加拿大安大略省格雷文赫斯特镇一个传统的牧师家庭。白求恩于1909年进入多伦多大学

白求恩故居全景

晋察冀卫生学校旧址

重修晋察冀军区卫生学校旧址碑记
1937年，日寇大举侵华。八路军深入敌后，浴血沙场，无数将士负伤，无医救治而亡。为此，1939年9月18日，晋察冀军区卫生学校在此创建。白求恩大夫亲自指导了学校的创建。白求恩殉职后，学校更名为白求恩学校。
牛眼沟山高谷深，民风淳朴。白校于此地创建，此地因白校闻名。正是：英雄小山庄，抗日烽火旺。人民似亲迎，助我天使降。四间陋室屋，半壁石砌墙。白校无大厦，丰碑高万丈！
峥嵘岁月，历经沧桑；根脉相传，世代流芳。昔日白校发展成后来的白求恩军医学院，白求恩传人遍及华夏，白求恩精神远播四方！2006年，白求恩军医学院师生自愿捐献，重修白校旧舍，并立此碑，以彰先辈遗风，固脉系根本，励弟子精业，供万代敬仰！
中国人民解放军 白求恩军医学院 敬立
二00六年九月十八日

白求恩故居大门

白求恩故居西屋
白求恩故居碾坊内景

医学院。其间，他半工半读，几度中断学业。他卖过报纸，当过侍者，当过伐木工，做过教师，1916 年 12 月毕业并获学士学位。多伦多大学医科毕业后，白求恩曾任蒙特利尔皇家维多利亚医院胸外科医师和圣心医院胸外科主任，是世界外科医生协会理事和执委。 1917 年至 1920 年，白求恩先后在英国皇家海军和加拿大空军任上尉军医。 1922 年，白求恩被录取为英国皇家外科医学会会员。1923 年，成为英国皇家外科医学院的研究生。

同年 8 月白求恩与弗朗西斯结婚，继赴欧洲旅行，观摩各国外科名医的示范手术。

在加拿大期间，白求恩发表过 14 篇有影响的学术论文，改进了 12 种医疗手术器械，其中有我们至今仍在使用的白求恩肋骨剪，还开办了加拿大医学史上第一个免费诊所。后来因白求恩不幸染上肺结核，在自己身上大胆成功实验了“人工气胸疗法”这一新型治疗方法，使他在胸外科疾病的研究方面取得了重大进展。

1936 年白求恩加入加拿大志愿军，参加国际纵队，投身西班牙战场。1936 年德、意法西斯武装干涉西班牙革命时，他率加拿大医疗队到前线，为反法西斯的西班牙人民服务。 在西班牙战场，白求恩建立了人类历史上第一支流动输血队。他在马德里成立了一家加拿大输血服务机构，号召市民积极前来献血，然后按照当时最新的血液保存方法，将提取的新鲜血液分瓶放入一辆改装的旅行车内的冰箱贮存，这样就打造出一个能够移动的“流动血站”。“流动血站”在前线和后方之间来回穿梭为伤员输血，大大地减少了伤员的死亡率。在二战时期，白求恩的这个方法轰动了整个前线，并且被交战国双方纷纷效仿。宋庆龄女士也曾高度评价说：“白求恩是第一个把鲜血送到前线上去的医生，他的输血工作为西班牙共和国挽救了数以百计的战士的性命。”

1938 年 6 月 17 日，白求恩率医疗队到达晋察冀军区司令部驻地山西省五台县金钢库村，聂荣臻司令员聘请他担任军区卫生顾问。白求恩及时总结经验，根据游击战争的特点，迅速组织医疗队到前线去，进行巡回战地救护。1938 年 9 月 15 日，白求恩创建的“模范医院”在山西省五台县松岩口落成，他边教学边示范，为八路军培养合格的医务人员。

白求恩做手术

1938年11月，白求恩率领医疗队参加广灵公路伏击战，连续做手术48小时，救治伤员71名。治疗及时，效果良好。白求恩高兴地说："这次治伤开创了新纪录，超过了在西班牙的成绩。"

1939年4月，在冀中前线齐会战斗中，白求恩连续工作69个小时，为115名伤员做了手术。白求恩成功的战地救护，极大地鼓舞了八路军指战员的士气，使他们义无反顾，英勇杀敌。白求恩在冀中抗日根据地还发明了疗效较长的"毕普"药膏、"白求恩换药篮子"等，并亲手设计、指导木匠制作了一种适合游击战争需要的新的运输工具——卢沟桥药驮子，被称为"马背上的流动医院"。

同年10月，白求恩推迟了回国行程，参加反冬季大扫荡。在涞源摩天岭前线手术室中，白求恩左手中指受伤，在伤口已感染的情况下，他仍参加了黄土岭战斗，还跟随医疗队一起去前线坚持为伤员疗伤。由于白求恩伤势急剧恶化，军区首长命

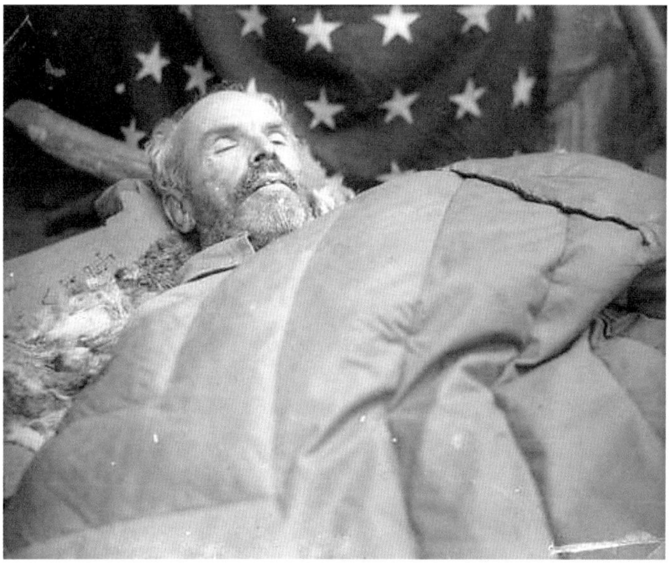
白求恩逝世

令他回唐县后方医院治疗，在到达唐县黄石口村后，白求恩在病危之际仍写信对组织医疗队到前线救治伤员进行安排。1939年11月12日，因伤势恶化，白求恩于唐县黄石口村病逝，年仅49岁。

1939年11月17日，晋察冀边区机关和驻地群众为他举行了隆重葬礼。12月1日，在延安白求恩追悼会上，毛泽东敬献了花圈，并亲笔题写了挽词：学习白求恩同志的国际主义精神，学习他的牺牲精神、责任心与工作热忱。12月21日，毛泽东为了悼念他，专门写了文章《纪念白求恩》并发表。

1940年1月5日，晋察冀军区在唐县军城南关村举行追悼大会，到会军民万余人。会上宣读了毛泽东的《纪念白求恩》一文，聂荣臻亲读祭文。白求恩遗体安葬在军城南关晋察冀烈士陵园。1953年春迁葬于石家庄华北烈士陵园。1986年，唐县人民政府在县城北钟鸣山下建起了白求恩、柯棣华纪念馆，主体建筑有纪念堂和白求恩纪念馆、柯棣华纪念馆。

保定轶事

永远不走的医疗队

1939年2月，白求恩在唐县花塔村度过了他来华后的第一个也是唯一一个春节。春节过后，白求恩率领东征医疗队跨过平汉铁路来到冀中平原。6月底，白求恩率东征医疗队返回冀西唐县，聂荣臻司令员在唐县和家庄（晋察冀军区司令部驻地）为白求恩接风洗尘，聘请其担任军区卫生部顾问。同时，邀请他列席晋察冀边区党代会。一个外国人被邀请参加晋察冀边区党代会，白求恩认为这是很大的荣誉，充分表明了中国共产党对他的信任。党代会后，强烈的责任感驱使白求恩决心把培养根据地的医务人员作为加美援华医疗队的首要任务。白求恩曾说："一个外国医疗队对你们的帮助，主要是培养人才，即使他们走了，仍然留下永远不走的医疗队。"

白求恩随即投入到正在筹建的军区卫生学校工作当中。他很快为学校拟定了教学计划。由于敌军的重重封锁，根据地不仅缺医少药，更是缺乏教材。白求恩决定自己动手编写教材。由于正值盛夏炎热季节，为了抢时间早开课，白求恩把编写教材作为一项重大的战斗任务，顾不得炎热和疲劳，夜以继日地编写。1939年7月，白求恩在唐县和家庄晋察冀军区司令部休养时，仅仅用了半个月的时间，一本译后14万字并且附有119幅插图的卫生教材《游击战中师野战医院的组织和技术》就完成了。这本书没有高深的理论和在军事医学方面的突破，但十分实用，尤其在游击战争的环境中，对于提高八路军医务人员的医疗技术水平、提高伤员的救治率方面发挥了很大作用，是八路军抗日战争时期的军事医学专著。为解决卫生材料不足的困难，白求恩根据实际医疗条件创造出对旧辅料进行消毒的十三步程序，被称为"消毒十三步"。

聂司令员亲自为该书作序，并且给予高度评价："这是他一生最后的心血结晶，也是他给予我们每一个革命工作者和每一个指战员和伤员的不可再得的高贵的礼物。"

1939 年 9 月 18 日，晋察冀军区卫生学校在唐县牛眼沟村正式成立，白求恩将自己的显微镜、X 光机、小闹钟和医疗书籍赠送给了学校，为八路军留下来一支"永远不走的医疗队"。白求恩逝世后，这所学校被命名为白求恩学校。学校在抗日的烽火中诞生，几经易名，并不断发展壮大，发展为现在的中国人民解放军白求恩医务士官学校、吉林大学白求恩医学部。毕业学员达 10 余万人，遍布全国各个医药卫生行业，成为人民健康的守护神，也使这里被誉为"新中国卫生事业的摇篮"。

历史评价

1939年12月21日，毛泽东在杨家岭撰写《纪念白求恩》一文，文中这样写道："一个外国人，毫无利己的动机，把中国人民的解放事业当作他自己的事业，这是什么精神？这是国际主义的精神，这是共产主义的精神，每一个中国共产党党员都要学习这种精神。"

1942 年 11 月 13 日，《解放日报》发表了八路军朱德总司令为纪念白求恩逝世三周年所撰写的文章《纪念白求恩同志》。

1965 年 8 月 30 日，毛泽东题词："学习白求恩，学习雷锋，为人民服务。"

1973 年 10 月，加拿大总理特鲁多访华后，在接受记者采访时说："白求恩是加拿大人，当时加拿大青年把他视作一个献身于一种事业和一个伟大民族的典范。加拿大人民也把他看作一个忠于自己正义事业的楷模。白求恩这个名字是连接中加两国人民的桥梁。"

1979 年 6 月，邓小平题词："做白求恩式的革命者，做白求恩式的科学家。”

1989 年 11 月 11 日，首都各界在人民大会堂隆重集会，纪念白求恩逝世五十周年。李瑞环发表重要讲话，他说：“由于中国共产党的倡导和毛泽东同志《纪念白求恩》这篇文章的影响，白求恩精神已在中国共产党和中国人民中间形成一种风范、一种楷模、一种准则、一种传统，成为中华民族之魂的一个组成部分。”

1997 年 7 月 18 日，江泽民题词：“继承和发扬白求恩精神，全心全意为人民服务。”

2009 年，白求恩入选“100 位新中国成立以来感动中国人物”。

后世纪念

白求恩医院

为了纪念白求恩，晋察冀军区卫生学校改名为白求恩学校，发展为现在的白求恩医务士官学校和吉林大学医学部；附属医院改名为白求恩医院。

晋察冀烈士陵园

1940 年在唐县军城镇南关村建成白求恩墓，此地几经整修，于 1960 年，建成晋察冀烈士陵园。

白求恩纪念馆

1971 年唐县人民政府在县城建立白求恩纪念馆，1986 年馆址北迁，在钟鸣山下另建新馆。时任中共中央总书记胡耀邦亲笔题写馆名，开馆之日该馆和加拿大白求恩纪念馆结为姊妹馆。党和国家领导人多次参观纪念，至今已先后接待国际、国内各界人士达 600 余万人。

红色文物

唐县牛眼沟晋察冀军区卫生学校旧址、葛公村白求恩卫生学校旧址、黄石口村白求恩逝世地、花塔村白求恩手术室旧址等均被唐县政府列为文物保护单位。1974 年，白求恩的 3 个外甥女重游唐县牛眼沟村，身临他当年战斗地，以示纪念。

纪念邮票、奖章

1960 年 1 月 20 日，中国邮政部门发行了题为《诺尔曼·白求恩》的邮票一套 2 枚。第一枚为白求恩像，第二枚为“白求恩大夫在抢救伤员”，原图为吴印咸的摄影作品。两枚邮票面值均为 8 分。

1979 年 11 月 12 日，中国邮政部门发行了第二套白求恩邮票，《诺尔曼·白求恩逝世四十周年》纪念邮票一套 2 枚。一枚是面值 8 分的邮票，一枚是面值 70 分的邮票。

1990 年 3 月 3 日，中加两国邮政部门联合设计、联合发行《白求恩诞生一百周年》纪念邮票一套 2 枚，面值均为 39 分，并同时发行纪念封 1 枚。

1998 年，中加两国共同发行《白求恩大夫到达中国六十周年》纪念银币一套 2 枚。中国银币图案正面为长青松树环绕的白求恩头像；背面为白求恩在战地做手术。加拿大银币图案正面为白求恩在行军途中；背面为延安抗日根据地。

1991 年，国家卫生部第十四号部长令的《全国卫生系统荣誉称号暂行规定》中规定设置“白求恩奖章”荣誉称号，由人事部、卫生部共同颁发。奖章以著名国际人道主义医生白求恩的名字命名，旨在表彰在医疗卫生战线做出突出贡献的医疗卫生工作者。

中国医师协会、白求恩精神研究会于 2017 年、2018 年连续两年在全国开展了两届寻访“白求恩式好医生”公益活动，并颁发“白求恩式好医生”奖章。

柯棣华故居

柯棣华

柯棣华（1910—1942），印度人，著名医生，国际主义战士。1938 年随同印度援华医疗队到中国协助抗日，先后在延安和华北抗日根据地服务，任八路军医院外科主治医生、白求恩国际和平医院第一任院长，被边区军民誉为“第二个白求恩”。

故居概述

柯棣华当时的居住地位于唐县西北部山区齐家佐乡葛公村。他当年在白求恩学校担任外科教师兼白求恩医院外科医生时，就住在村民 3 间瓦房靠南边的房屋。房屋始建于清代晚期，为中国传统的北方民居。

柯棣华居住地现存西房 3 间，为两进院落。房屋结构为砖木结构，硬压山，人字梁，前后出沿，灰瓦盖顶。房屋建筑面积 77.5 平方米。

2016 年，葛公村进行美丽乡村建设，借此机会对柯棣华居住地的 3 间瓦房进行

柯棣华故居大门

葛公村柯棣华雕像

柯棣华故居

柯棣华逝世地

修缮。在修缮过程中，基础、木构均保持原状。主要实施了墙体拆砌和挑顶挂瓦工程，用的还是原有门窗，新铺灰砖地面。

名人生平

柯棣华原名德瓦卡纳思·桑塔拉姆·柯棣尼斯，1910 年 10 月 10 日出生于印度马哈拉施特拉邦的绍拉浦尔市。1936 年，毕业于格兰特医学院，获医学学士学位。1937 年 7 月，中国的抗日战争全面爆发后，柯棣华积极响应印度国民大会的号召，毅然放弃报考英国皇家医学院的机会，志愿报名参加印度援华医疗队，远涉重洋，来华援助抗战。1938 年 9 月，抵达广州。先在武汉、重庆等国统区工作，后拒绝国民党要员的劝阻，奔赴革命圣地延安，为抗日军民服务。1940 年 6 月，柯棣华来到晋察冀边区。1940 年 9 月，率医疗队参加“百团大战”，救治八路军伤员。

柯棣华积极投身于中国人民的抗日战争，始终和边区军民同甘共苦，并肩战斗。他积极参加战地救护，致力于八路军的医疗工作，对伤病员关怀备至、体贴入微；他和当地群众亲如一家，为老百姓疗伤治病，从不收取报酬，老乡们亲切地称他为“老柯”；他关心政治、注重学习，踊跃参加党的整风运动，并光荣加入了中国共产党。在晋察冀边区留下了数不清的动人事迹。艰苦的环境，繁重的工作，使他积劳成疾，终因癫痫病反复发作、抢救无效，于1942年12月9日凌晨6时15分在唐县葛公村逝世，年仅32岁。

主要事迹

1940年9月，百团大战打响后，柯棣华率领由白求恩学校军医一、二、三期部分学员组成的医疗队前往四分区救治伤员。在前线工作的13天里，收治伤员800多人，为其中585人做了手术。战斗激烈时，曾连续工作三天三夜。

1941年1月，柯棣华担任白求恩医院首任院长。当时伤员太多，并集中安置在老乡家的土炕上，既不便于护理，又容易引起交叉感染。他因地制宜，开展了“改炕运动”，把大炕改成小炕，中间留一间隔，便利了救治工作，受到伤病员和医护人员的一致赞扬。

白求恩医院在柯棣华的领导下，制定了教学实习制度、休养员班排组织制度、医院领导轮流查房制度、意见征询会制度等，医院的工作规程得到完善，管理逐步条理化、制度化。

柯棣华组织了适合游击战争需要的“战地救护组”和“医疗救护组”，把医院建设成在敌后抗日根据地的临床教学基地。

在柯棣华担任院长的1年里，白求恩医院收治伤员3 300多人次，做手术1 600余人次，创造了在敌后抗日根据地救治伤员最好的纪录。

此外，柯棣华还亲自编写《外科各论》等教材。因年代久远，这些教材已经遗失。

历史评价

1942 年 12 月 15 日，《晋察冀日报》刊登特讯，发布柯棣华逝世的消息，高度评价柯棣华对中国伟大的抗日战争所做出的重大贡献：称他的死，是世界科学界，特别是医学界的重大损失，是八路军卫生工作的重大损失。

1942 年 12 月 19 日，延安《解放日报》为悼念柯棣华发表文章称：印度民族优秀的代表之一——柯棣华之死，使我们痛失良友，使我们感到这是不可补偿的巨大损失。我们誓以坚持敌后抗战到底，克服困难，争取反攻胜利，来报答我们国际友人的厚意，来告慰世界上一切同情和帮助我国抗战的民族。

1942 年 12 月 30 日，延安各界举行柯棣华追悼大会，新华社发特稿予以报道。毛泽东亲笔题写了挽词："印度友人柯棣华大夫远道来华，援助抗日，在延安华北工作五年之久，医治伤员，积劳病逝，全军失一臂助，民族失一友人。柯棣华大夫的国际主义精神，是我们永远不应该忘记的。"

1943 年 7 月，晋察冀军区在晋察冀边区抗战烈士公墓（今为晋察冀烈士陵园）为柯棣华修建了陵墓。朱德为柯棣华的陵墓题词："生长在恒河之滨，斗争在晋察冀，国际主义医士之光，辉耀着中印两大民族。"

印度共产党中央为柯棣华逝世发来唁电："柯棣华大夫是印度民族的英雄，献身于中国伟大的抗日战争，印度人民至感荣耀。中印两大民族将以他为榜样，休戚相关，亲密携手，为消灭共同敌人日本法西斯而奋斗！"

后世纪念

1942 年 12 月 17 日，晋察冀军区在唐县葛公村为柯棣华举行了隆重的追悼大会。战友们向他的遗体告别，将柯棣华的灵柩送往晋察冀边区抗战烈士公墓安葬。

1953 年 3 月，华北军区烈士陵园建柯棣华陵墓。

1976 年，白求恩国际和平医院建立柯棣华纪念馆。

1982 年，适逢柯棣华逝世四十周年，中国邮政部门发行面值 8 分和 70 分的柯棣华纪念邮票各 1 枚，并发行首日封 1 枚。

1986 年 11 月在唐县建成白求恩柯棣华纪念馆，时任中共中央总书记胡耀邦为该馆题名。

1992 年 5 月，成立石家庄柯棣华医学院，柯棣华夫人郭庆兰出任名誉院长。

1993 年，印度发行纪念德瓦卡纳思・桑塔拉姆・柯棣尼斯纪念邮票和首日封。

1996 年 9 月 1 日，在中国友好和平发展基金会、中国社会科学院的资助下，在中国农工民主党北京市委的协助下，由中国人民对外友好协会、中国社会科学院和中印友好协会联合组成的“柯棣华医疗队”在北京正式成立。

1998 年，印度援华医疗队来华六十周年之际，中国邮政部门发行《印度援华医疗队来华六十周年》纪念封 1 枚。

1998 年 9 月 2 日，河北医科大学第二附属医院举行柯棣华中印友好医院挂牌仪式。

2009 年 8 月，由中国国际广播电台、中国人民对外友好协会、国家外国专家局共同举办的“中国缘・十大国际友人”网络评选活动中，柯棣华获选“十大国际友人”之一。

2014 年，国家民政部公布第一批著名抗日英烈和英雄群体名录，柯棣华名列其中。

望都县

孙禄堂故里

孙禄堂

孙禄堂（1860—1933），名福全，字禄堂，晚号涵斋，别号活猴，河北省望都县东任疃村人。孙式太极拳暨孙门武学创始人，中国近代著名武术家，一生专于太极拳、形意拳等的研究，“拳与道合”是其独特的武学思想。在近代武林中素有武圣、武神、万能手、虎头少保、天下第一手之称。

故里概述

武术大师孙禄堂的故里在今望都县东任疃村。东任疃村位于望都县城东北，距县城 8 公里，属赵庄乡管辖，该村与顺平县交界。东北与顺平县高于铺镇的王各庄、阎庄、苏辛庄、白家庄为邻，西与望都县西任疃相连，东南与南李各庄相望。全村有 467 户，1 897 人，耕地约 193 万平方米。东任疃历史上曾属顺平县管辖，抗日战争时期划归望都县，村民的口音、习俗大都与顺平县相近，由于地处偏僻，村民主要以从事农业生产为主。改革开放后，村民外出务工者多，外出务工成为该村村民主要收入来源之一。

孙禄堂墓园

由于历史原因，孙禄堂故居已不复存在，为纪念孙禄堂这位武林奇人，望都县于 1984 年 4 月建孙禄堂墓园。孙禄堂墓园位于东任疃村西北部。墓园黑色门额书“孙禄堂墓园”5 个蓝色大字，由著名书法家陶然书写。墓园占地 1 000 平方米，四周红砖围墙，园中松、槐、桐、椿等树遮日庇荫，芳草葱茏，洁净优雅，庄严肃穆。最北面为孙禄堂之父母碑，字迹已然模糊不清。孙禄堂墓高 1.5 米，周长 4 米，水泥覆盖，墓碑上有亭子，碑阴文字记述了孙禄堂生平事迹，署名河北省望都县周庄公社东任疃村蒲阳孙门同学会。孙禄堂先生一生以教拳为业，足迹遍布祖国各地，弟子众多，孙式太极拳影响广泛。每到清明节，海内外各地孙门弟子涌来瞻仰扫墓。1985 年，望都县人民政府公布孙禄堂墓园为县级文物保护单位。

孙禄堂墓园

名人生平

孙禄堂自幼聪慧，7 岁入私塾，随吴姓师傅习练拳术，学得六十四散手、轻功铁锡碑等少林武功。12 岁考录附生，因家资窘迫辍学。后随文武兼修的镖师李奎元读书兼习形意拳。15 岁时，孙禄堂已经武功不凡。李师傅常感叹孙禄堂在技击上天赋超群，于是将他推荐给自己的老师形意拳大师郭云深处习武。郭云深是河北形意拳创始人李能然的大弟子，当时北方著名拳法大家，纵横江湖数十年，阅人无数。见到孙禄堂后，他亦感叹孙禄堂技击天赋不曾多见，当即收为徒弟。年余后，郭云深感叹道："能得此子，实乃形意拳之幸运也！"

随郭云深习武期间，孙禄堂经常和师父去访问那些有一技之长的师兄弟和盟友，请他们把各自的特长教授给孙禄堂。孙禄堂悟性极高，一学就会，大家也愿意教，孙禄堂的技艺进而更加全面。1880 年，郭云深带孙禄堂去山西拜访车毅斋、宋世荣等名家，在晋期间，郭云深让孙禄堂与门内外各路高手广泛交流切磋，孙禄堂每战必胜，胜人而不伤人，谦逊如仪。郭云深赞叹："此子真能不辱其师。"

1882 年，孙禄堂为彻底揭示拳学原理，追随清末宫廷御医白西园学习易经，参照易经阐发形意拳拳谱。孙禄堂后遇到八卦拳大师程庭华，并跟随其学习八卦拳。在程庭华的悉心教授下，孙禄堂掌握了八卦拳的精要，遂感悟出形意拳与八卦拳其理相通。此后，程庭华又陆续教授他点穴、轻功、八卦剑、七星杆等绝技。孙禄堂曾以轻功纵身擒飞鸟，程师傅赞一声"赛活猴"，此后，"赛活猴"便成为孙禄堂在武林中的绰号。

为增长学识，以臻拳学至境，1885 年，孙禄堂开始云游。途经河北、河南、湖北、四川、湖南、广东、江西、安徽、浙江、江苏、山东等 11 省，访少林，朝武当，上峨眉，无论听说谁有一技之长，远僻险阻，孙禄堂必去访问，虚心求教。

1888 年，孙禄堂返回保定，在家乡潜心研究，不断创新融合武学体系，创办了蒲阳拳社。由于社会影响很大，完县县令拜于孙禄堂门下，在县令协助下，蒲阳拳社成为一所常年招生的武术学校。

由于孙禄堂名冠武林，朝廷聘其为武术主试官到各地招考武庠生，因此常与南北各派武林高手交流，得以更为广泛地研究各派技法。

郭云深师傅去世时，将一生习武心得写成的《解说形意拳经》一书，传与孙禄堂。1900 年庚子之乱，另一恩师程庭

孙禄堂习武照

华被八国联军的排枪打死，孙禄堂深感悲伤，于是隐居故里，潜心研究拳学。

庚子之乱对孙禄堂影响很大，他深感拳术技击无法抗衡枪炮利器，那么拳术技击的终极功用在哪里？孙禄堂提出：“习此艺者，非欲以艺胜人也。志士仁人养其浩然之气，志之所期，力足赴之，如是而已。”于是，蒲阳拳社在教学宗旨上逐渐转向修身，教学内容文武并修，以开启良知良能，改善身心，完备人格。修身与技击不仅可以融合，而且相辅相成，孙禄堂由此开始沿着这个思路创建自己的武学体系。

1900 年至 1907 年，孙禄堂教授出齐公博、任彦芝、陈守礼等第一批弟子。清廷举办规模盛大的“天下英雄会”，邀请南北各派武林高手前来比武，孙禄堂参加了大会，经比武，技冠群雄，遂在武林中享有“虎头少保”“天下第一手”之誉。

1907 年，孙禄堂受三省总督徐世昌之邀，到奉天（今沈阳）

总督府做战术教官。徐世昌担任民国大总统后，孙禄堂被聘为总统府承宣官武术教官，获陆军少校六等文虎章。翌年，力挫俄国大力士彼得洛夫，扬我中华武术之威名，名振东北。后在京津两地开馆授徒。徐世昌下野后，孙禄堂辞去官职。1912年，孙禄堂结识了太极拳大师郝为真，郝为真为报答孙禄堂的救助之恩，将太极拳真谛倾囊相授。孙禄堂将形意拳的刚劲、八卦拳的巧劲与太极拳的灵劲结合在一起，创立了孙氏太极拳。由此，孙禄堂成为太极一派的宗师大家。

1928年，孙禄堂在江苏国术研究馆任教务长，后来又在中央国术馆和上海俭德会兼课。他在南方期间，与李景林先后组织主持了历史上规模最大的两次国术擂台赛，两次大赛名列前茅者一半是孙禄堂的弟子学生。两次大会众多国术名家的表演被拍摄成纪录片，即《李景林之剑孙禄堂之拳》，为后世留下极为珍贵的武术资料。

1931年，九一八事变爆发，孙禄堂对国民政府不抵抗政策非常失望，他为国家前途深感忧虑，辞职返回北平(今北京)，劝说其在北方军队中的弟子组织抗日。1933年，孙禄堂回到完县，成立完县国术研究社，收18人为关门弟子，这18人被称为完县“十八侠”。

孙禄堂逝世后，国民政府行政院及中央国术馆、上海国术馆等数十家武术团体在上海功德林举行公祭，京、津、冀、鲁各武术团体相继举行公祭。《大公报》《京报》《世界日报》《国术统一月刊》等纷纷给予孙禄堂非常高的评价，称其“集内家拳术之大成，为一代名师大家，创宗立派者”。

主要成就

1915年，孙禄堂撰写出版《形意拳学》一书。该书为公开出版有关形意拳之第一部专著。孙禄堂参合儒道两学、丹经易理，重构形意法、理，建立形意拳理论及技术体系。他合形意、八卦、太极三拳为一，创立孙氏形意拳。

1916年，孙禄堂撰写出版《八卦拳学》一书。该书是有关八卦拳之第一部专著。同年，北京体育研习所许禹生请孙禄堂去该所讲授太极拳。该所多有善太极者，经过切磋，众人对他太极的技、理莫不钦服。于是称其太极为孙氏太极。

1919年，孙禄堂出版《太极拳学》一书。该书为太极拳发展史上第一部公开出版的著作。1923年，他撰写出版了《拳意述真》一书，从而使拳学成为中国传统哲学中一个重要的体验体系和组成部分。

1925年，他撰写出《八卦剑学》一书。

1929年，孙禄堂发表《论拳术内外家之别》一文，谈及48年前，赴晋访宋世荣，讨论内功及内外家之别之事。1932年，孙禄堂发表《详论形意八卦太极之原理》一文，指出："拳术之道，首重中和。中和之外，无元妙也。"

趣闻轶事

关于孙禄堂有许多流传深远的传说故事。

代师比武

相传1883年，孙禄堂在北京程庭华处学艺时，南方某武师北上京城，专访各派名师来比拼技艺，所向披靡。程庭华的同门数人皆败在这位南方武师手下。程庭华为避其锋芒，数日闭门不出。当时，孙禄堂新到程庭华处不久，仅研习转掌数月，尚未被程师列入门内。然而孙禄堂自愿要求代程师与南方武师一战。比试中，孙禄堂一出手即将南方武师由屋内击出至屋外。程庭华大喜过望，于是传授孙禄堂八卦拳理法及点穴、轻功、八卦剑、七星杆等绝技。

历史评价

孙禄堂是著名的近代武学大师，一生光明磊落，武德高尚。他精通六十四手散打、七十二把擒拿、形意拳、八卦掌、点穴、内穴等绝技，创立了独具一格的孙氏太极拳，卓然自成一家。

孙禄堂武学高深，晚年著《形意拳学》《八卦拳学》《太极拳学》《拳意述真》《八卦剑学》5部武学著作，是中国历史上第一个将武学奥秘用文字、照片公之于世的人，成为我国近代武术史上武术家拥有著作传人的第一人。这些著作被译成日、英等文字，在20世纪20年代初盛行于海内外，被誉为武学经典。书中对武法、技艺、拳理做了精湛的阐释，至今仍是研究中华武术的宝贵经典。孙禄堂是中国武术发展史上最有成就的代表人物之一。

天津的《大公报》评价孙禄堂："合形意、八卦、太极三家，一以贯之，纯以神行。海内精技术者皆望风倾倒。……为人重然诺，有古风粹然之气见于面背。"《世界日报》评价孙禄堂："其艺已臻绝顶。"

百年来，孙式太极拳经久不衰，不断发展，形成特有的太极文化，以其无常形、无常势、刚柔相继的拳法特色享誉世界武坛。

易县

赵鹏飞故居

赵鹏飞

赵鹏飞（1920—2005），满族，河北易县里仁庄村人，中国共产党党员，北京市人大常委会原主任。清嘉庆年间，先祖为防卫守护陵寝的亲兵，进驻易县泰宁镇里仁庄（现与龙山庄、华新庄合称为龙里华村）。其祖父赵瀛洲，晚年曾任泰宁镇守使。

故居概述

赵鹏飞故居位于易县西陵镇龙里华村里仁庄，距县城约 15 公里。此院落为清代陵区的“老爷院”，建于清晚期。1920 年，赵鹏飞在这座院落中出生，在此居住至中华人民共和国成立前夕，并从这里走上革命道路。

建筑格局

赵鹏飞故居占地约 1 200 平方米，南北长约 44 米，东西宽约 27 米。原为两进院落，现存北房 7 间，位于院子中间靠南位置，其中正房 3 间，两侧耳房各 2 间。

正房进深约 6 米，青石阶条，前廊后厦，硬山顶，清水脊，灰布盖顶。耳房为马鞍脊样式。

保护现状

赵鹏飞故居除现存建筑外，原有南房、门房和内宅，正房原为过厅，有后门通向后宅，其他房屋损毁坍塌。1949 年后，这里被龙里华村办公室、小学校、卫生室等村公共设施占用，并在后宅基址上建设了 5 间小学教室。

赵鹏飞故居

1995年，赵铁民（赵鹏飞族人）出资20万元，对原有房屋进行修缮。在修缮过程中，基础、木构均保持原状，主要实施了墙体拆砌和挑顶挂瓦工程，更换了少量糟朽檐椽和全部门窗。耳房的清水脊改为马鞍脊。2002年，村办设施全部迁出之后，后院的小学教室拆除。

名人生平

赵鹏飞，1939年3月加入中国共产党，1938年5月参加八路军工作团，先后任易县大良岗区区长，定兴县、龙华县县长。解放战争期间，任冀察行署实业科科长，察哈尔省政府实业厅副厅长，冀热察行署农林厅、实业厅厅长。中华人民共和国成立前夕，任北平（今北京）市建设局副局长。直接参与了修整天安门广场等工程，为开国大典顺利进行做了大量卓有成效的工作。

1950年4月，任北京市公营企业公司经理。1953年3月，任北京市财经委员会副主任。1954年9月，任彭真办公室主任，兼任全国人大常委会办公厅副主任。1958年10月，任北京市城建委主任，先后参与完成了人民大会堂、革命历史博物馆等国庆十大工程项目的施工建设工作。1960年6月，任北京市副市长。1963年1月，任国家房产管理局局长，后兼任国务院副秘书长、第一副秘书长。“文革”期间受到迫害。他坚决抵制林彪、“四人帮”反革命集团的倒行逆施，共产主义信念毫不动摇。1973年3月恢复工作，任北京市革委会工交城建组副组长、市建委主任。后任北京市委常委。1978年5月，任北京市委书记、政协北京市委员会主席、北京市第一副市长。1979年参与设立北京市人大常委会，任市第七届人大常委会副主任。1983年3月，任北京市第八、九届人大常委会主任。为第七届全国人大代表，中共第十三次全国代表大会代表。2005年1月31日在北京逝世。

历史评价

赵鹏飞在60多年的革命生涯中，无论是在革命战争年代，还是在社会主义建设时期，始终保持了一名普通共产党员的本色，始终忠于党、忠于人民、忠于革命事业。他认真学习马列主义、毛泽东思想、邓小平理论和“三个代表”重要思想，对革命工作倾注了满腔热血和全部智慧，鞠躬尽瘁，死而后已，把毕生精力无私地献给了党和人民，赢得广大干部群众的赞誉。他的一生是革命的一生、奉献的一生、全心全意为人民服务的一生。

定州市

晏阳初故居

晏阳初

晏阳初（1890—1990），四川巴中人，早年留学美国，获得博士学位。从20世纪20年代起就在中国倡导平民教育，是乡村建设运动的元老之一，是世界著名的平民教育家，被誉为“世界平民教育运动之父”。曾成立中华平民教育促进总会并担任总干事，他在1926年选取河北定县（今定州市）为试验区，开启了乡村建设运动的先河。

故居概述

晏阳初故居（旧称晏公馆），坐落于定州市城内东大街（今中山东路）路南，坐南朝北，呈四合院布局。房屋均为砖木结构，屋顶起脊铺瓦，承重部位为四梁八柱构造，系典型北方风格的民居。

建筑特色

故居原由东、西、南院及西跨院四部分组成，占地总面积约2 700平方米。故居环境幽静、优雅，西院青堂瓦舍，是晏

晏阳初故居（维修后）

阳初的生活区，共由 16 间瓦房组成，其中北房、南房各为 5 间，东、西厢房各为 3 间。原来的北房（正房）无后窗，晏阳初住进后开了六角形的后天窗，造型别致。西院的西北隅置棋盘门，安有门铃，门前有汉白玉条石的台阶七八阶。

东院是晏阳初锻炼身体、休闲活动的场所，内设小型网球场和羽毛球场，原有北房 5 间、东房 3 间，西北隅建一大圆轩门通往街市。东、西两院的北房后面（临街）均有一个 1.5 米宽、20 余米长、1 米高的月台，月台四周用汉白玉条石镶边。在西院北房外的月台上还植有 3 棵参天杨柳树。南院西南隅建有卫生间及马厩，有毛驴 1 头和骏马 1 匹及木轮大车 1 辆，作为晏先生的交通和运输工具。西跨院有西房 3 间、南房 2 间，是厨房和茶炉所在地。西院南房与西厢房的夹道，各安有平门 1 个，是分别去往东院和西跨院的通道。

今东院建筑已不复存在，西跨院也已做他用，故居仅存西院生活区的北房 5 间，东、西厢房各 3 间，南房 5 间，占地面积 573.4 平方米，建筑面积 426.54 平方米。

保护现状

1997 年 5 月，定州市文物保护管理所投资 12 万元对晏阳初故居临街北房进行了维修。

2009 年至 2011 年，定州市开元寺塔文物保护管理所对晏阳初故居实施维修及防雷工程。

2013 年，定州市申请国家重点文物保护专项补助资金 89 万元实施消防工程。

2014 年，定州市申请政府补助资金，实施晏阳初故居全貌恢复项目。

2018 年初，定州市实施晏阳初故居北房维修工程。

名人生平

晏阳初是世界著名平民教育家，乡村改造运动创始人。少年晏阳初曾在西学堂接受新学。1913 年考入耶鲁大学。1918 年，由耶鲁大学毕业，获博士学位，旋赴法国参加为中国劳工服务的工作。在巴黎，他看到华工一字不识，且贫穷多病，便帮助华工创办汉文班，编纂《千字课》，自己担任教师，每逢星期日上课。他还创办《华工周报》，在华工中开展启蒙教育，收到良好效果。晏阳初在 1920 年回国后，在北京发起组织大众教育联合会，两年后在长沙兴办平民学校，提出“除文盲，做新民”的口号。1923 年，他在北京组织成立中华平民教育促进会总会，并先后在华北、华中、华东、华西、华南等地开展义务扫盲活动。1926 年，晏阳初选取河北定县为试验区，开启了乡村建设运动的先河。1929 年，中华平民教育促进会总会搬迁到河北定县。晏阳初在普及教育的过程中，逐渐形成乡村建设的整体思路，主张以文艺、生计、卫生、公民“四大教育”分别医治中国农村的“愚、贫、弱、私”四大问题。由于日本侵略，1936 年定县试验被迫中止。中华平民教育促进会总会辗转迁至湖南长沙、衡山，最后撤至四川，并创办了中国乡村建设学院。1950年以后，晏阳初将自己的事业转移到第三世界国家，受聘担任国际平民教育委员会主席，继续致力于国际特别是第三世界国家的平民教育和乡村建设运动。1951年，他建立了国际农村建设委员会，提出了“除天下文盲，做世界新民”的口号，向国际社会发出“帮助世界上三分之二的人口消除贫穷、文盲和愚昧”的呼吁。1967年5月，他在菲律宾创办了国际乡村建设学院，为菲律宾和亚非拉几十个国家培训乡村建设人才。同时他还帮助印度、泰国、加纳及一些中美、南美国家建立了乡村教育组织。1990年1月，晏阳初走完了整整100年的人生历程，在美国纽约逝世。

主要成就

定县试验

1926年至1936年，晏阳初在定县扎根10年，开展了一场轰轰烈烈的堪称平民教育与社会改造壮举的试验，进行了大量农业教育、农民研究和农村调查实践工作，即著名的定县试验。

在晏阳初的倡导下，学者们首先进行系统的社会调查，深入了解定县的历史、地理、交通、经济、政治、教育、民俗、户籍、人口、农业、地亩、疾病、商业、物价等情况。通过社会调查，对定县的农民生活、农村社会等情况有了全面认识和评估，从而研究制订出一套启迪农民、改造乡村、发展生产的方法。晏阳初所倡导的定县平民教育试验，以“除文盲，做新民”为宗旨，以“民为邦本，本固邦宁”为核心，以铲除“愚、贫、弱、私”四大劣根，提高农民的“四力”，即智识力、生产力、强健力与团结力，打造一代“新民”为奋斗目标。

为了实现其宗旨和目标，晏阳初制订了“四大教育”手段，即以文艺教育救愚，以生计教育救贫，以卫生教育救弱，以公民教育救私。第一，文艺教育，是从文字与艺术教育上着手，使农民识字脱盲，掌握求知的工具，促进文化生活，并对自然环境及社会生活有相当的了解。为此，晏阳初先后采用和实施了多种识字方法，采集、选编了各种各样的文艺读物和娱乐节目，搜集、研究了丰富多彩的民间艺术，修筑了农村露天剧场，建立了农民剧团。同时，在定县城内设立了无线电广播，不仅教人们读书识字，还及时把农业、经济信息传递给农民。第二，生计教育，是从农业生产、农村经济、农村工业各方面着手，以达到农村经济建设的目标。开办生计巡回学校，传授切实可行的农业技术，研究高产的优良品种。第三，卫生教育，这是要解决农民的健康问题，设立了村、区、县三级保健网。针对农村人口增长过快的问题，及时提出了节制生育、控制人口增长的号召。第四，公民教育，是要发展社会的团结力，启发国民的自觉性，训练他们的自治能力。为了保证“四大教育”的实施，创造了“三大教育方式”：学校式教育，以青年为主要对象，通过开办各种平民学校来进行；社会式教育，以农民为对象，在农村开展一系列的有益活动，把教育实际化；家庭式教育，将家庭中不同地位的成员分别组织起来进行教育。

历史评价

晏阳初是世界著名的平民教育家。他致力于平民教育和乡村建设的伟大实践近 70 年，他在 1926 至 1936 年在定县搞平民教育试验，以后又把定县平民教育和农村建设的试验成果推广到东南亚及非洲、拉丁美洲等 45 个国家和地区，在世界上产生了巨大的影响。晏阳初被美国 100 多所大学推选为“为社会贡献最大、影响最广、具有革命性贡献”的世界十大名人之一，与爱因斯坦、莱特兄弟等巨匠齐名。

张寒晖故里

张寒晖

张寒晖（1902—1946），原名张蓝璞，字含辉。1902 年 5 月 5 日出生于河北定县（今河北省定州市）。幼年即喜欢音乐。1919 年入保定高等师范学校附中读书。1934 年回老家组织抗日救国会，同时从事小说和戏剧创作，为宣传抗日奔走呼号。历任定县“左联”负责人，定县职业学校教导主任兼国文教师，中共定县县委负责人。位于定州市大鹿庄乡政府驻地南 1.5 公里处的西建阳村便是张寒晖故里。

故里概述

西建阳村，全村 997 户，3 957 人，以汉族为主，主要姓氏为张、孟、田、石、武，耕地面积约 323 万平方米，特色经济以蔬菜种植为主，主要产业为小麦、玉米、花生等粮食作物。有完全小学 1 所，幼儿园 1 所。

张寒辉故居

名人生平

张寒晖在五四运动的影响下，开始创作白话诗和剧本。1922年考入北京人民艺术剧院专科学校，后又考入北京国立艺术专门学校戏剧系。1925年10月，加入中国共产党。曾与艺专同学成立中国北方第一个红色剧社——五五剧社，一度担任该剧社主办的《戏剧》周刊主编。同时，参加了反对反动军阀逮捕进步师生的斗争。1927年，为躲避敌人的搜捕一度离开北京潜回家乡，以教学为掩护传播马克思主义和共产党的主张。1929年10月，与熊佛西、章泯等人组织成立北平小剧院，任剧院执行委员会组织部主任，并创作了3幕话剧《黄绸衫》。1930年在北平（今北京）加入中国左翼作家联盟。

1932年，受同学刘尚达邀请，到陕西省民教馆工作。抗日战争全面爆发后，他再度深入农村，宣传抗日救国思想。带领西安二中、女中、女师等学校组织的剧团，到汉中一带演出，进行抗日宣传，并创作了许多救亡歌曲。1942年5月，参加延安文艺座谈会。在南泥湾大生产运动中，填词创作了《军民大生产》等歌曲，深受欢迎。1942 年任陕甘宁边区文协秘书长，他创作的《松花江上》《军民大生产》《去当兵》等著名歌曲，曾在解放区和全国广为流传，激励了一代又一代中华儿女。延安时期，他和聂耳、冼星海并称“音乐三杰”。1946 年 3 月 11 日病逝，遗体安葬于延安文化山上，陕甘宁边区文协隆重举行追悼会，并将他的部分作品出版为《张寒晖同志遗作歌曲集》。

保定轶事

1930 年下半年，张寒晖回到家乡，在定县民众教育馆工作。他利用经常到乡间举办农民夜校的机会，向农民宣传反帝反封建思想。并为民间艺人整理加工定县秧歌。是年冬，到定县职业学校任教导主任兼国文教师，组织学生读书会，阅读进步书籍。不久，他又结识了定县的另一位地下党员张省三，在取得教育局的同意后，他们重建职业学校，张省三出任职校校长。张寒晖教学生唱歌，编演秧歌剧，秘密成立课余读书会，去保定买回进步书刊分给学生们阅读，组织学生写学习笔记，开展讨论会，交流心得。1931 年 5 月，他秘密召集读书会的同学们在定县雪浪斋开讨论会——谈《苏俄视察记》的读后感，借此向同学们介绍苏俄社会的情况，宣传马克思列宁主义。他的“读书会”还推广到男子师范、女子师范和九中等学校，使不少青年学生开始接触到革命道理。九一八事变后，他即兴创作了他的第一首歌曲《可恨小日本》，几天后又创作了抗战歌曲《告我青年》。很快，他的这两首歌在学生中传唱开来，并由学校传到农村。

1932 年 2 月，他应邀到陕西省民教馆从事教育、戏剧演出及报刊编辑等工作，任总务部部长。他召集进步人士编辑出版的《老百姓报》，深受群众欢迎。1933 年夏，他拖着病体回到定县，随后参加了晏阳初创办的中华平民教育促进会（简称平教会）平民文学部的工作。他在平教会参与了《平民识字课本》的编辑工作，编写过多种农民通俗读物，宣传抗日救国思想并发起组织定县戏剧研究社，被誉为“平民状元”。这时，他目睹了定县爆发的大规模的扫盐土、熬硝盐、打盐巡、逐盐商示威请愿的“扫盐斗争”，创作了《盐潮》和《听候审判》等小说，以犀利的笔墨揭露了社会的黑暗，鞭挞了剥削的残酷，极大地鼓舞和激励了农民的斗志。

历史评价

张寒晖是现代著名的作曲家、人民艺术家。当年一曲《松花江上》，在中华民族国破家亡的年代激励着中华儿女奔赴抗日战场，并以强烈的民族凝聚力、经久不衰的生命力和独特的艺术魅力成为中国人民和海外侨胞的“爱国歌”“思乡曲”。1937 年 12 月 31 日，周恩来在武汉大学发表演讲《现阶段青年运动的性质和任务》，感慨地说：“成千上万的青年无家可归、无学可求，尤其是东北的青年朋友一再地漂泊流浪，一再地尝受人世间的惨痛。一支名叫《松花江上》的歌曲真使人伤心断肠。”毛泽东也说：“一首抗日歌曲抵得上两个师的兵力。”1993 年 6 月 5 日，歌曲《松花江上》在北京人民大会堂被评为 20 世纪华人音乐经典作品。

后世纪念

为了纪念这位卓有成就，影响广泛的人民艺术家，其传奇经历和事迹被载入《河北近现代历史人物辞典》。陕甘宁边区文协出版了《张寒晖同志遗作歌曲集》。人民音乐出版社出版了《张寒晖歌曲选》。

中华人民共和国成立后，在延安重建了“人民艺术家《松花江上》作者张寒晖之墓”的墓碑。1987 年，延安市政府，张寒晖的亲属、同志和学生为人民艺术家张寒晖重立墓碑。

1960 年，定县建成张寒晖纪念馆。

2002 年，为纪念张寒晖诞生一百周年，在张寒晖纪念馆旧址改造扩建了张寒晖文化广场。同年 4 月 28 日，中共河化省委宣传部、河北省文化厅、河北省文联在定州市张寒晖文化广场举行隆重活动，为张寒晖铜像落成揭幕。

河北省音乐家协会、石家庄市总工会分别成立了寒晖合唱团。

2005 年 8 月，中央电视台《艺术人生》栏目制作了纪念抗战特别节目《使命——伟大作品的背后》，第一个介绍的就是《松花江上》和张寒晖。9 月 2 日，中央宣传部、文化部、广电部等单位联合举办纪念中国人民抗日战争胜利六十周年大型文艺演出——《为了正义和胜利》，序幕中选的唯一歌曲是《松花江上》，第三幕又选了张寒晖的《去当兵》。张寒晖为中华民族反抗日本帝国主义斗争的历史增添了光彩夺目的篇章。

2012 年 10 月 10 日，由中共定州市委宣传部打造的一部抗战题材的电影《张寒晖》，在定州举行开机仪式。

王灏故居

王灏（1822—1888），字文泉，号坦圃，定州西关人，清咸丰二年（1852 年）举人，民间藏书家。据《定州县志》记载，王灏“躯干魁梧，性英迈开敏……尤笃嗜宋元明清儒者之书，以身体力行为主……以宏济民生为己任”。

故居概述

王灏庄园是王灏私家宅第，位于定州市区明月北街东侧，俗称西关王家大院。此庄园建于清咸丰年间，为坐东朝西式四合院建筑布局，现保留两处完整的院落，共有房 200 余间，有“中国典型的北方古建筑群”之称，为河北省文物保护单位。

建筑特色

王灏庄园始建于清代中期，整体建筑略呈东西长方形，南北宽 150 米，东西长 200 米，占地面积约 26 000 平方米，建筑布局分两片。西片为中轴对称式四合院建筑，基本参照清工部《工程做法则例》设计，同时又具有北方传统民居风格。王家大院的主体是三进四合院，依次排列，流线分明，错落有致。承袭定州房屋坐北朝南古制，依照前堂后寝的格局排列，以正为尊，

王灏庄园入口
王灏庄园内景
王灏庄园正房

河北省文物保护单位牌

以左为上。

东片为王灏的官邸，房屋均系坐北朝南依次向东纵深排列的连环四合院。主体结构为清代小式木作台梁式构架，建筑形式为砖石木混合结构。青砖灰瓦，磨砖丝缝，明柱飞檐，雕梁画栋。

名人生平

王灏当时家财居定州之首，他平素乐善好施，侠肝义胆，孝亲友爱。清咸丰三年（1853 年），他拿出家中钱财，建立团练队，开始镇压附近一带的“土匪”“枭匪”、捻军（当时的农民起义军）。清光绪年间，王灏曾出钱出物救济灾民，修建奇连屯长堤，以防唐河水患。他喜爱收藏图书和名人字迹，收集了秦汉到当时的河北乡邦文献，著辑有《括斋文集》《畿辅地名考》《畿辅丛书》等。《畿辅丛书》，1 530 卷，萃集河北省乡邦文献，自周秦至明清所著书刊为丛书。所刊都是校雠较精、流传较少的书。其中汇刻书六家，除《永年申氏遗集》是佳胤、涵光、涵煜等一家合集外，余为清初学者颜元、李塨、孙奇逢、尹会一、崔述各家全集。王灏配合纂修《畿辅通志》，李鸿章曾以“畿辅文献”榜其门，使王灏名声大振。他也因多次有功于朝廷，被加封四品顶戴，授中宪大夫。

文物价值

王灏庄园展现了中国清代北方富豪之家的建筑风貌，体现了中国北方居民建筑之精华，是定州建筑史上建筑艺术的重要标志。1993 年 7 月被列为省重点文物保护单位。

安新县

潘龄皋故里

潘龄皋

潘龄皋（1867—1954），字锡九，号葛城居士，河北安新人。清光绪二十一年（1895 年）乙未科进士，授翰林院庶吉士，曾任甘肃隆德、张掖、皋兰等县知县，秦州、肃州知州，兰州知府，后改授陕甘督署总文案、甘肃巡警道署提学使、提法使，后改布政使。1914 年 6 月，任安肃道道尹兼嘉峪关监督，1917 年去职。1921 年夏，任甘新勘察禁烟大员。同年 10 月任甘肃省省长，翌年 7 月去职。抗战期间拒任伪职。1949 年后，任中央人民政府革命军事委员会参议、北京市政协委员、北京市人大代表、中央文史研究馆馆员。1954 年病逝，终年 87 岁。

故里概述

潘龄皋故里位于安新县安州镇西北村，其故居现已不存在。安州镇位于白洋淀畔，7 000 年前就有人类聚居繁衍，古人定位它为“燕南垂、赵北际”，为“幽冀之奥区也”。在战国年代，赵国在此筑起一座城池，名曰“葛城”。相邻的燕国建起了三台城和浑堡城，三城鼎立，各展风采。葛城因地处濡水之北，又称为“濡阳”。1914年，安州与新安合并为安新县。中华人民共和国成立后，为新县人民政府所在地，1950年县政府由安州迁往新安镇（现安新镇）。安州镇地处安新县城西南10.6公里处，全镇总面积77.15平方公里，水陆相间。全镇辖28个行政村，人口3.9万人。

安州镇保存至今的有安州古城墙、古秋风台遗址。安州城因地处九河之下，多毁于水患。宋代名将杨延昭筑土城为屯兵御辽。明代也多次增修，有4门瓮城，东曰熙皞，又曰望瀛；西曰保僖，又曰耀武；南曰咸和，又曰迎秀；北曰永清，又曰太平。南门至北门长549步，东门至西门长474步。清乾隆十二年（1747年）修缮。乾隆四十六年（1781年）发帑重修，规模可观。古秋风台遗址位于安州镇西北1 500米，南易水入白洋淀河口地带，现存石碑“古秋风台”1座。原碑为汉白玉石，刻有荆轲事迹。清道光十六年（1836年），安州天宁寺住持源琇按原尺重刻。碑为青石料，高1.95米，宽0.81米，厚0.16米，碑阳刻“古秋风台”，阴刻立碑原因。

抗日战争爆发后，当地人民在中国共产党的领导下，保家卫国，英勇抗击日本侵略者。安州城里的烈士塔，记录着为保家卫国牺牲的烈士1 887名，烈士塔是英雄的花名册，更是德育教育的丰碑。

保定轶事

开明士绅，关注民生

1923年夏，安新县东向阳村的白洋淀四门堤决口，大片良田被淹，房屋倒塌，人民生活极其困苦。潘龄皋筹集款项，设平粜局，从东北购进高粱、玉米等，平价售出，运费、耗损等均由他自己承担，避免了安州民众饿殍遍地。

安州民众多织席为生，获利微薄，素来无税收之弊。1925年，安州劣绅陈起和曲堤村潘希福等人赴天津，与奉军第一师长、直隶督军李景林秘密勾结，想要强行在安新征收席箔税。军阀和劣绅的横征暴敛，引起乡民激愤。在潘龄皋的支持下，乡人痛打陈起，吓跑潘希福。经民众斗争，强收席箔税的阴谋破产。潘龄皋作为开明士绅，痛恨苛捐杂税，在此事上给予了大力支持，当安州席民自愿捐款在安州北门建亭立碑时，潘龄皋亲书一联并刻嵌在亭内立柱之上，从中可见其痛恨苛政，爱惜百姓之意。

坚守大义，拒受伪职

抗日战争爆发后，安新分为安新、新安两县。民众奋起救亡，潘龄皋被推举出任安新县县长。1938 年冬日军侵占安州，为加强统治，多次力邀潘龄皋出任安新县维持会长，以弱化和瓦解民众的抗日情绪，都被潘龄皋义正词严断然拒绝。为安全起见，1939 年 1 月潘龄皋被迫携眷离开家乡，定居北平（今北京）。本以为避开是非之地可以安稳度日，不料日军并不甘心，进一步威逼利诱其出任河北省伪省长。潘龄皋坚辞不受，被捕入狱。被捕时他抱定必死之决心，自己穿戴好寿衣寿帽，坦然而去，大有壮士一去兮不复还的悲壮。入狱十余日，经齐燮元出面取保获释。出狱后，潘龄皋宁以卖字糊口，也绝不俯首于日寇以换取荣华富贵，在事关民族大义的大是大非面前，不畏外侮，不谋私利，保持了崇高的民族气节，赢得了世人的广泛尊敬。1944 年，为唤起民众抗日热情，部分晚清翰林以翰林重望、饱学之身，在北平香山公园竖起甲申纪念碑，由傅增湘撰文，陈云诰书丹，潘龄皋篆额，以史喻今，借以弘扬民族不屈精神，宣传抗日救国思想，鼓舞民众共御外侮。

艺术成就

潘龄皋的书法造诣颇高，擅长楷、行书，其中小字尤精，自成一家，名起京津冀，誉满大中华。他的书法“轻柔中饱含刚劲，简朴中蕴含深沉”，人们称其书法为“潘体”，与南方谭延闿齐名，时有“南谭北潘”之论。

他作书，字字严谨，一笔不苟，决不允许有所谓的美中不足，他既注意一笔一画所构成的字形美，又注意与字相关的诸因素所构成的神采美。他的楷书功底深厚，但流传作品相对较少。行书特色鲜明，其作品流传甚广，其特点：形俊神足，外柔内刚。从起笔到行笔，再到收笔，处处都散发着浓郁的英气、灵气、才气与骨气。可谓是笔笔珠玑，字字花朵；又可谓芙蓉出水，鲜活夺目。

潘字之神韵是通过其独特的笔法、墨法、结字法与章法表现出来的。

在墨法上，讲究浓而饱，字字充满精气神。在笔法上，多用揉笔入纸，藏锋蓄意，特别是一些主笔的起笔，因而显出外圆内骨。撇用笔挺拔而厚重，捺一波三折，收笔独具风采，点儿讲呼应，钩用折笔，笔笔生动，劲美诱人。如果一个字的收笔是竖笔，有时全毫尽铺，力发万钧，当笔行到力量正足之时，戛然而止，回锋收笔，形成笔收意未收、画穷意未穷的效果。

在字的结体方面，潘龄皋在传统基础

上，打破一般格局，许多字采用上大下小、左重右轻、上下紧密、左右宽松的结字法，再加上横不平、竖不直的笔法，更显得偏正欹斜，意趣横生。因而从整体看，显得质朴自然，气韵生动。

从章法上看，则是肥瘦对比、大小相间、粗细错落、轻重起伏，但是肥不臃肿、瘦不单薄、大不松散、小不纤弱，而且注意行与行的照应、首与尾的呼应，整体布局显得舒朗、匀称、平稳。每个字都好像乐谱上跳动的音符，每一篇都是一曲旋律和谐的乐章。

后人分析其书法以颜体为基础，远取苏（东坡）书之腴，赵（孟頫）书之秀，董（其昌）书之雅；近取刘（墉）书之厚，经过“一扫二王非妄语，只应酿蜜不留花”的修炼，形成了自己的风格。

历史评价

清末民初，中国书法界流传着这样的说法：“草书三原于右任，榜书天津华世奎，核桃楷北京潘龄皋，为清末民初书坛三绝也。”

后世纪念

2017年，由吴占良主编的《洁清自守——潘龄皋书法集》出版。同年4月29日，由河北省书法家协会、保定市文联、保定佛光美术馆、安新潘龄皋书法研究会举办的“纪念潘龄皋诞生一百五十周年书法展、潘龄皋书法座谈会暨《洁清自守——潘龄皋书法集》首发式”在保定顺平大佛光寺美术馆举行，中国书协主席苏士澍，中国书协副主席刘金凯，著名书法家刘恒、张旭光、刘月卯、姚国谨、吴占良、刘宗超、萧依、胡湛、寇学臣，金石学家谢飞、李俊卿等及潘氏后人，有关人士数百人出席参加了活动，展出潘龄皋书法遗作40余件，当代名家题贺作品50余件。

陈调元故居

陈调元

陈调元（1886—1943），字雪暄，安新县白洋淀同口镇人，生于贫民家庭，皖系军阀。清光绪二十八年（1902年）入保定北洋陆军参谋学堂，光绪二十九年（1903年）毕业。光绪三十二年（1906年）入保定陆军军官学堂第一期深造科学习。光绪三十四年（1908年）毕业后在湖北陆军中学任地理教官。辛亥革命爆发后，陈调元回北京任职，在陆军军事学堂任队长，后任冯国璋部高级参谋，自1939年起一直任军事参议院院长。抗日战争期间曾任军事委员会常务委员会及抚恤委员会主任委员。1943年夏去西北巡视，在兰州患喉癌，返重庆医治。12月18日在重庆北碚去世。他军事才略平平，但善于估计时局变化，会见风使舵，外号“投机将军”；他为人慷慨，好应酬，处事圆滑，被蒋介石所器重。1944年2月2日，国民政府追晋陆军一级上将。

故居概述

陈调元故居位于安新县同口镇。此处原是一个面积近 6 600 平方米的深水坑，1914 年开始动工填土，用了 7 年的时间将水

陈调元故居大门

陈调元故居影壁

坑填平；1921 年开始建造陈宅，次年建成。

陈宅坐北朝南，平面呈南北长、东西短的长方形，总占地面积约 4 500 平方米。是一处三进的四合院，大门开在宅院东南角，是屋宇式金柱大门，但整座大门的外廓又大于通常的金柱大门。在正对大门前上方檐柱的横梁上，下垂两根垂柱。大门前下方左右有简易门墩，但无抱鼓石。门楣上有精美的人物故事石雕。整座宅院的墙基全用汉白玉条石砌成。所有正房、厢房（群房除外）的墙体都是磨砖对缝。

进入大门迎面是一座精工细做的素面靠山影壁，向左没有屏门遮挡，直接就到了第一进院。院内有正房 5 间，东、西厢房各 3 间，倒座房 5 间，院子中间没有垂花门及看面墙，因而形成了一个视野非常开阔的院落。

从正房明间可以进入二进院，从正房东、西两侧也可以到二进院。二进院有正房 5 间，东、西厢房各 3 间。在一进院和二进院之间东、西两侧，分别建有服务用的群房。从二进院正房明间可以穿堂进入三进院，从正房东、西两侧也可以进入三进院。三进院有正房 9 间，东、西厢房各 3 间。正房的东尽间有一道东西向的隔墙将尽间分成里、外两间屋，里屋有 1 间隐蔽的地下室。

各院的正房及一进院倒座房的屋顶都是硬山双坡卷棚顶，都有施柱前廊，无后廊。明间门发券，西式玻璃门窗，汉白玉砌如意踏跺。

各院厢房屋顶形式极为特殊和复杂，前面和后面都是半截坡瓦顶，清水脊不带蝎尾。南面山墙向上砌一字形女儿墙，女儿墙墙帽挂瓦，做成四面坡式；北面山墙向上则做成雉堞式女儿墙，每一块帽顶都做成四面坡式。这样，厢房屋顶南、北两面的女儿墙与东、西两面的两条清水脊围绕厢房屋顶形成了一种平顶的态势，好似民居中罕见的盝顶式屋顶。需要特别注意的是，在厢房的两条屋脊上，各自均匀地分布着6个长方形孔，每隔6条垄沟一个，这种孔是排水和射击两用孔。人员可从北山墙雉堞女儿墙豁口处架高梯攀上屋顶。此外，厢房有前廊但不施柱，明间门发券，窗不发券，汉白玉砌如意踏跺。

群房的体量小于厢房，高度也低于厢房，但屋顶形式与厢房屋顶基本相同，也是盝顶式建筑。所不同的是，群房屋顶两面山墙上都是雉堞式女儿墙，而没有一字形女儿墙。因为体量小，两面屋脊上的长方形孔减少成4个，但其尺寸及相隔的距离同厢房都是一样的。群房无廊，门及窗都发券。

建筑特色

陈调元故居的三大特点：

1. 陈调元故居是绝对独立的一处大型住宅，它的东、西、南、北四面不与任何建筑毗连，四面均是视野极其开阔的开阔地。现在故居四周的房屋都是后来建的，大多是1949年后所建，越接近故居甚至是紧贴故居围墙的违建都是近年所为。

2. 陈调元故居的大门开在宅院东南角，是四合院民居典型的坎宅巽门的格局，但进入大门后，既没有左向的屏门，也没有垂花门及看面墙，就是说，进入大门之后，没有任何遮挡，就等于进入了一片一览无余的开阔地。

3. 陈调元故居的厢房和群房都是盝顶式屋顶，屋顶周围的女儿墙和清水脊不单是为了美观，也是士兵的掩体。每一座厢房和群房的屋顶都可布置兵力，面向院外方向，火力可以控制院外的开阔地；面向院内方向，厢房的射击孔可以形成东西交叉火力。这样，厢房和群房的火力点形成了步步设防、步步为营的安保措施，以保护陈调元及其家人的安全。

在军阀混战的年月，陈调元作为一个军阀，一个著名的“投机将军”，不但熟知各军阀、各派系之间的明争暗斗，也同土匪和帮会打过交道，对于江湖之险恶，他了然于胸。为了自身的安全，他把自己的住宅设计成一座别致的安全堡垒，是完全可以理解的。

保护现状

陈调元故居构思独特、建筑精良，现格局保存完好，是河北省文物保护单位。

陈调元故居一进院正房和东、西厢房
陈调元故居一进院倒座房和东厢房
陈调元故居二进院正房
陈调元故居三进院东尽间地下室
陈调元故居群房

陈调元故居群房背面

陈调元故居群房屋顶

陈调元故居

雄县

陈子正故居

陈子正

陈子正（1878—1933），又名陈纪平，河北雄县李林庄村人，我国近代著名的武术家、教育家、拳术技击家、鹰爪翻子拳创始人，是最早把武术课开展进入学校、课堂的武术教育先驱。擅鹰爪拳，被誉为“鹰爪王”。著有《鹰爪翻子拳摘要》《鹰手拳艺书》《鹰爪连拳五十路》等书。

故居概述

陈子正故居始建于1905年，位于河北雄县昝岗镇李林庄村正中，为一典型的北方民居院落，现存一四合院，外跨西、北两院，占地约860平方米。房屋共计11间：正房3间，东配房3间，西配房3间，北院东、西耳房各1间。院中当年陈子正亲手栽种的一棵枸杞树，历百年风雨，依然枝遒叶茂，荫蔽一方。

建筑特色

陈子正故居大门坐南朝北，大门外由后来建的房屋和围墙围合形成了一个东西

陈子正故居
陈子正故居大门

长、南北窄的长方形附属院落，在此院的东北角对着村中大街又开了一个坐西向东的大门，形成了进入陈子正故居的必经之门，人们误称此门为故居的“大门”，陈子正故居真正的大门则被误称为“二大门”。故居虽称“四合院”，实为一进的三合院格局，有正房3间，东、西厢房各3间，无南房。正房和厢房均为都转平顶，房屋前脸改动较大。进入大门向西有一旁门通往一处院落，是陈氏族人习武的场地。

文物价值

陈子正故居经历百年的风雨，见证了鹰爪翻子拳的不断发

陈子正故居正房

陈子正故居西院（练武场）

展壮大的过程，对研究、发掘、整理鹰爪翻子拳拳法具有重要的历史价值。

陈子正故居建筑格调为清末民（国）初风格，较完整地反映了当时北方民居建筑的面貌，对研究当时的民居建筑有重要的实物价值。2007 年陈子正故居被雄县人民政府定为县级文物保护单位，2009 年陈子正故居被河北省人民政府公布为省级文物保护单位。

名人生平

陈子正毕生致力于武术事业，在前人将岳氏散手与翻子门功夫融为一体的基础上，又吸收少林派鹰爪技法，将搏击之术提高到一个新的高度，创编了鹰爪翻子拳。中年后到黑龙江、上海、汉口、广东、香港以及新加坡等地传艺，曾任上海精武体育会副会长，有“鹰爪王”之威誉。

保定轶事

义勇护乡村

1900 年，八国联军侵入我国，义和团奋力抗敌，当时保定一带的清军不但不积极对外，反而把屠刀对准了义军将士。用洋枪洋炮武装起来的大队清军，发兵攻打板门镇，沿途烧杀抢劫，侮辱妇女，无恶不作。李林庄村义和团在陈四爷和陈纪云的率领下，在李林庄村、孤庄头村的交接道口截击清军，由于寡不敌众，遭遇惨败，陈宝安、王柄胜等十几位义士死难。在危急时刻，陈子正挺身而出，率领全村壮年，一面匿老少、避妇弱，一面掩护义军撤入李林庄村张家大院。然后，他紧闭院门，带领壮勇、义军登上房顶，居高临下击退清军多次进攻。经过几个小时的苦战，清兵终于败逃，乡里百姓安然得保。

陈子正练功照

倒拔垂杨柳，只身斗歹徒

民国初年，陈子正家乡常有盗贼出没，杀人强抢。陈子正经常只身一人，驱逐除恶，保护乡里。

1913 年，农历八月的一个深夜，胡台豪绅郭锡九的 5 个爪牙手持撅把手枪、大刀等兵器向李林庄村抢掠骚扰。陈子正闻讯而去，怒喝杀贼，贼人怯逃。陈子正紧追不舍，追至村西头大坑时，贼人见只有子正一人，便向子正围攻猛扑。子正赤手空拳，闪展腾挪，使贼无从下手。这时子正蹿到一棵柳树前，立用胳膊夹住树干，猛一用劲竟将直径 3 寸的一棵柳树拔了起来。他手持柳树，先将拿枪的打倒，然后反把横扫，又打倒左右两边的贼人，5 个贼人各带伤向芦苇地逃去。从此，贼人再不敢来村抢杀。至今李林庄村还流传着陈子正“倒拔垂杨柳，只身斗歹徒”的事迹。

人赞虎无双

1920 年，陈子正在圣约翰大学执教，湖南名士刘典章特来拜会。刘既精文艺又好拳法，久居沪上遍访名师。曾多次与人切磋比武，从不曾败。为试探陈子正的功底，他装作初练武者，装作谦逊求教的样子，过招时暗地施展绝技攻击。其实刘一进门，陈看他进退敏捷手脚利索，已知他是练家子，故意不点破，遂礼让几招，轻易地化解了进攻。而刘不悟接连进招，陈子正使出“锄腿法”将其摔出丈余，刘不服输，起身再次进攻，被陈连摔三跤。围观的人们既叹服刘君进攻之猛，又赞陈破招之妙，莫不心悦诚服。刘典章人摔三倒却毫发无伤，这才知道遇上了高人，既服其技，又服其德，遂拜为师，并书写了“虎无双”中堂相赠。

陈子正故居至今悬挂着“虎无双”中堂，对联是“奔雷闪电称神技；卷铁舒钩著勇名”。

历史评价

陈子正出身农家，刻苦习武，终成武术巨匠。他探索、总结、发展了一个新的拳种——鹰爪翻子拳，编撰出版了《鹰爪翻子拳摘要》，编成了《鹰爪连拳五十路》，为中华武术做出了卓越贡献。他倡导武术进校，并终生执教，授徒无数，遍及南北，壮大了武林队伍，影响深远。他高尚的武德、博大的胸怀、强烈的民族主义、炽热的爱国之情皆为武术界楷模，更是后辈的表率。

容城县

杨继盛故里

杨继盛画像

杨继盛（1516—1555），字仲芳，号椒山，河北容城北河照村人，明朝中期著名谏臣，因凛然直谏得罪权臣严嵩而遇害，以忠节风骨流芳后世。杨继盛多才多艺，在他的文集中，书信、疏奏及诗歌所占比例较大，此外还有论及农业、水利、煤矿、赈灾等方面的文字。在音乐理论、乐器制造方面，也有成就。明隆庆皇帝昭雪前代冤案，杨继盛被列为遭严嵩所害的8位直谏诸臣之首，赠太常少卿，谥号“忠愍”，建旌忠祠于保定。清顺治皇帝极力褒扬继盛，御制《褒忠录序》《褒忠录论》，清乾隆皇帝曾为其题诗画像。

故里概述

北河照村地处拒马河南岸，隶属容城八于乡。明朝永乐年间，从口外小兴洲迁来一些移民。据说，当时拒马河河水泛滥成灾，河边人家为了驱避灾难、祈望平安，便在房前屋后悬挂铜镜，照耀河神，此村落因此被称为河照村。北河照村因出了名垂史册的忠烈之臣——杨继盛而闻名于世。

杨公祠

原杨继盛祠堂，即北河照的杨公祠，建于明隆庆二年（1568年），被称为“故里祠”，竣工在明万历八年（1580年）以后。祠内现有遗存的清嘉庆年间容城县衙所立的优免碑2座，其内容是：县衙每年为北河照村村民免征粮食、免差，并每年为“故里祠”提供香火钱15吊。当年的故里祠规模较大，建制规范，分为前殿、正殿、后殿三部分，全为瓦脊飞檐、回廊抱厦的殿庑式建筑。正殿东侧有房3间，名曰“思补堂”，是杨氏后人俸祠、接待访客，以及历次刻版印刷《杨忠愍公全集》之所。“思补堂”之命名，盖取继盛公“生前未了事，留与后人补”之意。杨继盛诸多遗物亦存放于其中。前殿两侧还有游廊山门，原故里祠为蓝砖灰瓦建筑，古朴庄重，每逢初一、十五，族人都会来此上香祭奠。1966年初，这座有200多年历史的故里祠被拆毁。现存杨公祠是1997年经杨氏后人及众多有识之士共同集资，恢复重建的主殿部分。因资金问题，故里祠的原貌尚未完全恢复。

保定市区现存有两座杨公祠，一座位于金线胡同，原祠有正殿3间，正中塑杨继盛像，正殿两旁各建碑亭1座，亭内各竖一碑，一刻《罢马市疏》，一刻《请诛贼臣疏》。清顺治三

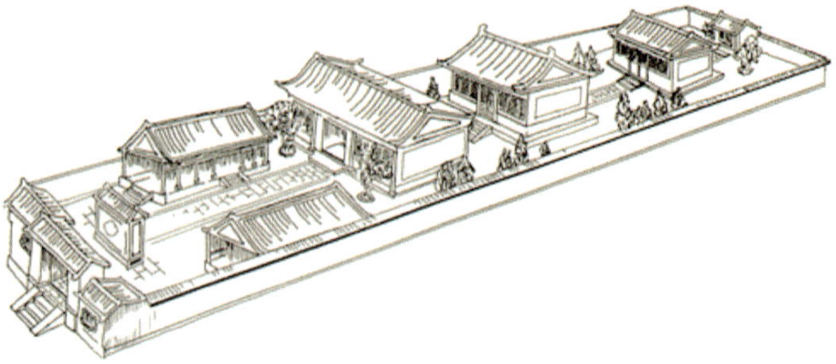

杨公祠原貌图

旌忠祠（皇华馆街）

旌忠祠内院（皇华馆街）

旌忠祠匾额（皇华馆街）
杨公祠（皇华馆街）
杨公祠内部展示区（皇华馆街）

杨公祠内人物雕像（皇华馆街）

重修杨公祠碑（皇华馆街）

杨继盛祠堂（金线胡同）

杨继盛祠堂屋檐（金线胡同）

年（1646 年）御制的《表忠录序》和《表忠论》两篇文章刻碑立于祠内。第二座杨公祠名为“旌忠祠”，建于皇华馆街，原祠院中立有大学士孙承宗撰写的《旌忠祠碑记》，前门有“昭代忠臣坊”1 座，清康熙十年（1671 年）重修时，又增“成仁坊”1 座。2013 年 6 月 17 日，保定市收藏鉴赏家协会会长彭建忠出资，启动了杨公祠修缮工程。一年多的修缮让这座历史建筑迎来了华丽转身，也成了依靠引入民间资本保护修缮文物的一个范例。杨继盛后人现场祭祖盼大家共担“道义”精神。

保定市文物保护单位牌（金线胡同）

名人生平

志存高远，浩气不朽

杨继盛出生于耕读之家。7 岁丧母，自幼饱尝生活艰辛。11 岁开始半读半牧，于明嘉靖二十六年（1547 年）中进士，任留都（今南京）吏部主事，从尚书韩邦奇游，通律吕之学，亲手制十二律吹奏，都和音律。韩邦奇大喜，尽授其平生所学。35 岁调升京师，任兵部车驾司员外郎。

杨继盛到曲阜访孔子、颜回的庙宇时，顺路登上了泰山山顶，写下这样气势如虹、志搏云天的诗句：“志欲小天下，特来登泰山。仰观绝顶上，犹见白云还。”再看他另两副千古传颂的名联：“是何意态雄且杰；不露文章世已惊。”“铁肩担道义；辣手著文章。”对仗工整、铿锵有力、铮铮铁骨、抱负远大，倘若没有深厚学养和人生根基是写不出这样的不朽篇章的。李大钊十分仰慕杨继盛的这副对联，仅易一字，成为“铁肩担道义；妙手著文章”作为自己的座右铭并与朋友共勉。

屡次直谏，刚正不阿

杨继盛任职时正值严嵩当道，广收义子，结党营私。

仇鸾因投靠、贿赂严嵩而升为大将军，统领宣化一带边境军队。蒙古鞑靼部首领俺答汗，经常带兵侵扰北部边境。守将仇鸾不与俺答交战，反与其勾搭，卑躬屈膝，给俺答送钱、送物，同俺答搞“马市”。杨继盛入兵部后，给皇帝上了《请罢马市疏》，力言仇鸾之举有“十不可五谬”，揭露仇鸾有损国格的行为。嘉靖皇帝初见奏疏印象还好，后因“八臣会议”上严嵩、仇鸾竭力诋毁杨继盛，便出尔反尔，将杨继盛治罪，严刑拷打，敲断小腿胫骨，夹断手指，贬官至远离京师的陕西狄道（今甘肃省定西市临洮县）为典史。嘉靖三十一年（1552 年），俺答再次侵犯大同、辽阳、宁夏，仇鸾私通俺答的罪行暴露，急病而死，被开棺戮尸。

嘉靖皇帝想起杨继盛当年所言，将其重新任用，先任诸城县令，半年时间四迁其官，调回兵部，任兵部武选司员外郎。尽管严嵩对其威胁利诱，但杨继盛早已看透严嵩专权窃国、贪婪残暴的本性，决心上疏弹劾严嵩。由于严嵩势力太大、根基太深，要弹劾严嵩要冒极大危险。亲朋好友纷纷劝阻，但杨继盛决心仿效比干，不惜一死，以求得君之一悟、政之一改。遂上《请诛贼臣疏》，历数严嵩“十罪五奸”，被史家称为“明史上的一篇大奏牍”。严嵩得知后，假传圣旨将杨继盛投入死牢。初入狱时，好友托人密送来蚺蛇胆以御杖止痛，杨继盛说：“椒山自有胆，何必蚺蛇哉！”在牢内，两股棒疮溃烂，他以瓷片当刀，自割腐肉断筋，腐肉盈斗，脓血遍地。狱卒被惊得浑身颤抖不止。虽然嘉靖皇帝对杨继盛曾有好感，朝野对他也是一片解救的呼声，但最终没有逃出严嵩处心积虑的牢笼，以类似“矫诏”的手段，杨继盛被定为死刑犯，嘉靖三十四年（1555 年）被杀于京城西市。临刑前，“满城争睹员外郎”。杨继盛面对人群，吟诵诗句：“浩气还太虚，丹心照万古。生前未了事，留与后人补！”

杨继盛还曾著《年谱》。清同治十一年（1872 年），一位山西举人李敦愚有幸敬读了《年谱》全文，感慨地说：“读此卷，其叙述绝不经意处，皆觉奕奕有精采，不可增损也。”该卷系杨继盛“临难之时，自述平生四十年险阻艰难，历历纸上，如人平居，相与道家事者。然无畏阻状，无怼怨辞，而其爱国嫉邪之心溢于言表”，读之令人无不动容落泪。

兴利为民，百姓爱戴

杨继盛任狄道典史时，他从教育入手，力图改变狄道文化落后的面貌。他拿出自己的俸禄，卖掉自己的马匹和妻子的首饰，兴办了一座东山书院，时间不长便有初步成效：“各生俱知揖让敬长上，出入循礼，各父兄亦因而知道理，弃番教举。”他还疏浚河道引水灌田、开发煤山，让妻子传授纺织技术，深受当地百姓拥戴，读书人尊其为“杨父”。

杨继盛赢得了狄道百姓的衷心爱戴。当杨继盛升迁的喜讯传来后，府县生员依依不舍，相送于百里之外；其获罪下狱之日，狄道进士张万纪曾冒死上疏力言相救，其蒙难之后，狄道百姓立忠愍祠以纪念他。这足以说明他在百姓心目中的地位了。

铁骨好德，重义爱人

通过杨继盛自书《年谱》手稿所述，可知杨继盛确实是个重情尚义、深受儒家文化熏陶的儒家士人，具有很强的道德自觉，始终以兄友弟恭为道德行为准则，不惜牺牲自己的财物也要与兄长维持儒家提倡的同居共财的和睦大家庭。

在杨继盛被害前夕，他还将一生体悟到的居家做人之道写成了近 3 000 字的遗嘱《父椒山谕应尾应箕两儿》与《年谱》一起交付两个尚未成年的儿子。遗嘱全文用当时的白话写成，句句明白可懂，尽显杨继盛对儿子的拳拳之心、深深之情，令人不胜感怀。杨继盛教导两个儿子立志、修身、齐家、交友以及读书科举之道，告诫儿子无论何时何地都要做君子之人。“必须正直忠厚，赤心随分报国”，“不可因我为忠受祸，遂改心易行”。

杨继盛的遗嘱处处可见他时刻要求家人将自己放于家族中，和亲睦族，希望为他们的生活建立起理想的行为模式。这虽是杨继盛教导儿子的训言，但其更是杨继盛对兄弟相处、治家处事日常生活态度的最直接表现。

历史评价

徐阶：万物禀气以为命，公生其中得厥正。位卑身仆益自奋，君恩必报以死殉。人心为愤地为震，岁星一终天乃定。群奸澌灭主明圣，易名建祠锡赠荫。制词前后相辉映，嗟公一死重孰并。我铭揭之为世镜。

王世贞：呜呼，国家之所以为杨公者，足矣。当公再上疏再得罪以死，天下（阙）公之忠，痛公之冤，而不知公之功实在社稷。天下（阙）先帝之怒，公至僇其身，而不知再用公之言以格鸾嵩之奸，于后天下知，今上仁圣，数用言官言褒卿公，而不知其阴体，先帝之遗意。呜呼，公可以含笑地下矣。

张岱：杨椒山《谏马市》《请诛贼嵩》二疏，几几乎踞秦汉而上之，虽《治安策》弗能过也。……椒山之学乐于韩尚书，而凝神精思，直欲起大舜而与语，其识力何似，而谓人可几及乎？……故青霞（沈炼）之言，屈（屈原）、宋（宋玉）也；椒山之言，贾（贾谊）、陆（陆贽）也。微其人，文亦可孤行百世，况辅之以二人耶！奸党百计死之，谓死则已矣，而熟知之人之文死乎不死矣。

王夫之：直击严嵩，而椒山之死以正；专劾魏阉（魏忠贤），而应山（杨涟）之死以光。

顺治帝：朕观明有二百七十年，忠谏之臣往往而有，至于不为强御，披膈犯颜，则无如杨继盛。而被祸惨烈，杀身成仁者，亦无如杨继盛。

胡德林、胡福才故里

胡德林

“狼牙山五壮士”无人不知、无人不晓，而五壮士中的胡德林和胡福才就出生于河北容城县（今雄安新区）郭村的一个贫苦家庭，是本家叔侄关系。

故里概述

狼牙山五壮士中胡德林、胡福才的故乡位于河北平王乡西部的郭村，西临大河镇，南与安新县接壤，村民以种植业为主要收入来源。

名人事迹

火线入伍

1938 年 7 月 26 日，八路军攻打容城县，胡德林、胡福才两人积极支援前线，抬担架、送慰劳品，战斗结束后又自告奋勇帮助运送战利品，并圆满地完成了任务。他们自此要求留在部队，参加了八路军，保家卫国。

奉命掩护

1941 年 9 月 25 日，日军大举进犯狼牙山地区，为保护数以万计的群众以及地方党政机关，分区司令部决定，由一团从狼牙山突围并掩护各党政机关和群众安全转移。

执行这次掩护任务的是一团三营七连。七连掩护一团最后转移时，又把这重任交到了二排六班手中。当时的六班只剩下 5 个人：班长马宝玉，副班长葛振林，战士胡德林、胡福才、宋学义。

胡福才雕像

为了转移敌人视线，六班决定把围攻的日军引向东山口，为此，胡德林、胡福才故意站在小横岭上向日军射击，日军追击并踩响了事先埋在东山口外的地雷，有十多个日军被炸死、炸伤。这时，后边上来的日军继续向东山口猛扑。为了节省弹药，直到日军离东山口二三十米左右时，六班才动用手榴弹和步枪，顽强地进行阻击。他们一边阻击，一边不时回头观察部队和群众转移的情况。就这样，他们在东山口一带坚持战斗一个多小时，击毙日军四五十人。当天已大亮，再看山上已经没有了动静，得知部队和群众已全部转移了他们才撤退。

英勇跳崖

为了给部队、群众转移赢得更充裕的时间，并迷惑日军，不让其摸清转移方向，胡德林、胡福才等 5 位勇士没有朝部队和群众转移的方向撤退，而是把日军一步步引上棋盘陀下面的牛角湖。

牛角湖周围，一连有 3 个小山包。背后和两侧是望不见底的悬崖。他们与敌人激烈战斗，打退了敌人多次猛扑，当手榴弹、子弹打光后，他们宁死不屈。五勇士摔坏手中的武器，高呼“我们是光荣的八路军，八路军不是当俘虏的，打倒日本帝国主义！中国共产党万岁！”并纵身向崖下跳去。胡德林、胡福才、马宝玉当场牺牲，葛振林、宋学义被树枝托住，负伤幸免。

历史评价

为了表彰五壮士的英雄事迹和为人民利益敢于赴汤蹈火的精神，八路军晋察冀军区授予他们“模范荣誉战士”光荣称号，同时决定五壮士所在连队每逢重大节日点名时，首先呼点五壮士的名字。1942 年 4 月，晋察冀军区在棋盘陀上修建了狼牙山三烈士纪念塔。晋察冀军区司令员聂荣臻为纪念塔题词：“视死如归本革命军人应有精神，宁死不屈乃燕赵英雄光荣传统。”

晋察冀军区参谋长朱良才为纪念塔题诗：

北岳狼牙耸，边疆血火红。
捐躯全大节，断后竟奇功。
畴昔农家子，今朝八路雄。
五人三烈士，战史壮高风。

后世纪念

1942 年 4 月，党和边区政府为纪念烈士的壮举，在狼牙山的棋盘坨顶峰，建立了一座“狼牙山三烈士塔”，塔的正面是“狼牙山三烈士塔”7 个大字，背面是记述五勇士英雄事迹的碑文。但 1943 年 9 月，日本侵略者向我边区进行大扫荡时，专门架起山炮，对准了“三烈士塔”猛轰，将纪念塔击毁。

1958 年，党和政府以及晋察冀广大人民为了永远地纪念五勇士，又在狼牙山棋盘坨顶峰重修起一座纪念塔。聂荣臻亲笔题词：视死如归本革命军人应有精神，宁死不屈乃燕赵英雄光荣传统。

胡德林和胡福才作为容城子弟，是容城的骄傲。每年清明节，郭村、李郎村的村民都自发地到狼牙山五勇士纪念馆祭奠烈士英灵，敬献花圈，缅怀英雄。在容城县“烈士纪念馆”内，还专为二烈士修建了碑亭。

2006 年，李郎村村民（胡德林曾随母改嫁到李郎村，成年后回到郭村参了军）自发集资 20 多万元，在县民政局的帮助下，在村南大堤旁修建了“胡德林烈士纪念碑”，迎接烈士英灵回归故里。

下篇

古建遗珠——重点民居

保定现存古民居类型多样、各具特色，既有古朴雅致、雕梁画栋的四合院，也有散布市井、点缀乡间的中小型院落；既有沉淀岁月、风雨不改，保存完好的古民居聚落，也有祭祀先贤、缅怀忠烈的宗族祠堂。这些古建筑既是保定历史文化名城悠久历史和城市发展脉络的见证，也是中国文化传统和建筑传统的标识，更是一份凝固于古城热土之上的精神财富和民族情结。

莲池区北大街 55 号院

北大街 55 号院原位于北大街中段路东，城市改造后位于中华小区中心绿化带北侧，是一处比较典型的民国初期中西合璧式的民居，为三进四合院。大门坐东向西，为屋宇式金柱大门；前门罩透雕十分精美，保存完好。大门洞南侧有门房 1 间，正对大门是一跨山影壁，壁心及岔角花为新雕。穿过大门向左进入一号院，一进院有带檐廊倒座房（西房）3 间。二进院有正房（东房）5 间，南、北厢房各 3 间，都带檐廊，各屋都是西式玻璃门窗，今已全部改动。室内地面原为彩色瓷砖，因瓷砖残损太多，地面已改，剩余的彩色瓷砖集中在南厢房地面。正房后面曾有第三进院，此院西北隅面对前平嘉胡同原有一后门，今已不存。1993 年，此宅院由保定市政府公布为重点保护民居挂牌保护。

此宅院最早的主人叫司冠三。此人原来是在马号摆摊卜卦的算命先生，后来为曹锟怀孕的三姨太算命，结果蒙对了，曹锟十分高兴，即将此宅赠送给他，还提拔他当了副官。中华人民共和国成立后此宅先后由儿童医院、北市区医院、北市区房管局水电处占用，近年由民间投资修缮，现为红木家具展馆。

北大街 55 号院

北大街 55 号院正房

北大街 55 号院倒座房

北大街 55 号院影壁

莲池区枣儿胡同31号院

枣儿胡同原是北大街南端路西第一条胡同，因整条胡同中间宽大两头狭小，状似枣核而得名。枣儿胡同今已不存，原来枣儿胡同31号院位于今莲池北大街南段路西一条短巷内。

此处宅院大门坐南朝北，是一小型四合院。大门前原来的踏跺并不正对大门，而是由大门西侧拾级而上，为水泥抹面。原来大门为西式水磨石拱券门，大门上方原有一水刷石门匾，上刻“中正人和”4字。宅院四周高墙围护，形成一个极其封闭的空间。院有二进，一进院大门洞两侧各有带檐廊北房3间，在一进院和二进院之间有一随墙门相隔。第二进院是主庭院，有正房（南房）5间，东、西厢房各2间。此宅院最大的特点是墙高房小，不仅院落狭小，而且每个房间面积也狭小，但院墙高大。1993年，此宅院由保定市政府公布为重点保护民居挂牌保护。

此宅最早的主人为易县人许氏，中华人民共和国成立后其将此房产变卖，2013年由民间投资修缮，现为秋闲阁艺术馆。

枣儿胡同 31 号院

枣儿胡同 31 号院正房

枣儿胡同 31 号院东厢房

枣儿胡同 31 号院西厢房

莲池区南大街31号院

南大街31号院原位于王字街中段、当铺胡同东口北侧路西，城市改造后位于裕华园小区内，是一处大门口曾有高台阶的三进四合院。大门坐西向东，大门洞北侧有门房1间。进入大门迎面是一座雕刻精美的靠山影壁，影壁北侧原有一座屏门，由屏门进入第一进院。院内有南房5间，门窗已改动。二进院内有正房5间，东、西厢房各3间，从二进院正房明间可穿堂入后院，从二进院正房左、右两侧也可绕行至第三进院，即此宅的主庭院。主庭院有正房5间，东、西厢房各3间，房屋高大，无论正房或厢房都有精美的戗檐砖雕及垫花，今已残缺不全。在整座院落的东侧，与大门平行是一排10间供佣人等服务人员居住的群房（东房），每间群房临街一面后檐墙都开有高窗。高墙上的排水设施保存基本完好。1993年，此宅院由保定市政府公布为重点保护民居挂牌保护。

此处宅院最早是河南督军张福来住宅，后由保定第一家现代机制面粉厂——乾义面粉公司购得，在此成立了乾义面粉公司营业处。抗战胜利后，河北省政府借用此宅第三进院设立迎宾馆，招待重庆接收人员，由乾义面粉公司负责吃住。华北宣抚使鹿钟麟来保即住此院。1946年1月10日，国共两党签署关于停止军事冲突的协议。为执行“停战令”，2月19日，三方代表（国民党萧凤歧中校、中共柴军武上校、美国亨利·邓克中校）在此院召开记者和群众代表会议。为表示诚意，中共冀中军区代司令员孙毅曾亲自到场参加谈判。

南大街 31 号院

南大街 31 号院大门

消
防

南大街 31 号院三进院正房

南大街 31 号院三进院东厢房

南大街 31 号院三进院西厢房

戗檐砖雕及垫花

戗檐砖雕及垫花

排水孔

南大街 31 号院群房

莲池区穿行楼东街 35 号院

此院现位于大慈阁小区内。大门坐东向西，原为一处二进四合院，但因第二进院的建筑已经全部拆旧建新，所以只存大门院影壁以及一进院的屏门和南房 3 间。1993 年，此宅院由保定市政府公布为重点保护民居挂牌保护。

穿行楼东街 35 号院影壁

穿行楼东街 35 号院大门

莲池区琅瑚街——樊氏宗祠

樊榕（1861—1942），字荫荪，号退安，河北清苑人，曾在清光绪三十四年（1908年）做过保定商会第二任会长，后来又当过直隶女学堂校长。樊榕很重视文物保护，曾捐建三十六忠义祠，维修古莲花池和直隶图书馆等，在保定颇有些名气。

樊氏宗祠

樊氏宗祠位于保定市主城区琅瑚街东段路南，为樊姓家祠。

建筑特色

樊氏宗祠建于1920年，因是家祠，故祠堂之西即是樊家宅院，祠堂与住宅有门相通。今家宅不存，只存祠堂。祠堂大门坐南朝北，为石砌券门，大门洞两侧为门塾2间。进入大门是第一进院，有南房3间，当中一间为进入第二进院的穿堂屋，两侧为储藏祭器之室，储藏室全为槅扇门，室内储藏柜贴墙而设，至今仍有残存。穿过穿堂屋为第二进院，二进院南屋3楹，为祭祀之祠堂。院东、西两侧为碑廊。

名人生平

樊榕在民国后实施实业救国策略，在保定组织同业公会和无公会组织的商人600余家，成立保定商会，自任会长，为保定工商业的发展做出一定贡献。

樊达汇、樊榕父子利用自己雄厚的财力反哺文教，主要在三个方面：

1. 资助清苑县创立初级师范学堂。师范教育是中小学教育之母。清苑开师范教育之先，为保定的师范教育奠定了基础。此后保定的中小学蓬勃发展起来，成为河北省的文化中心。

2. 设立阅报处和宣讲处。宗旨是普及时事知识和科普知识，弥补学堂教育之不足。阅报处和宣讲处全日开放，备有开水，派人常年服务，不取分文，为开启民智发挥了重要作用，从此保定成为新式教育的中心，成为北方新文化的中心。

3. 筹集资金，修复古代建筑。地处保定市中心的大慈阁为元代汝南王张柔所建，因地势高耸，形状十分雄伟，数十里外可见，列为畿南上谷八景之一。因年久失修，柱檐倾斜。樊榕与乡绅联手出资，落架修复，保护了此地重要的文物设施，使古代建筑保留至今，为后人所称赞。

樊氏宗祠

莲池区秀水胡同——宋氏宗祠

宋氏宗祠

宋氏宗祠为曾率部参加第一次世界大战的宋焕章将军的家祠。宋氏宗祠于 1923 年建成，位于保定市秀水胡同，后为宋焕彩居住。1937 年抗日战争全面爆发后，宋焕彩举家迁往天津。中华人民共和国成立后，宋氏宗祠作为保定市机关驻地，整体建筑得到较好的保存，今为保定市作家群纪念馆、保定市文联书画院。

建筑特色

宋氏宗祠大门坐东向西，汉白玉石砌券门，门额石刻“宋氏宗祠”4 字，保存完好。祠堂原有 5 套院，50 多间房屋。现存院落二进，进入大门后为第一进院，此进院落已不完整，可见第二进院倒座房后檐廊汉白玉廊柱，柱头雕饰保存完好。第二进院格局保存完好，北房 3 间为宗祠之祠堂，汉白玉发券门窗保存完好。东配房、西配房、南房各 3 间。经近年改建，将前檐廊前推，变成无檐廊，但各房汉白玉檐柱及雕饰都保存完好。

建筑现状

1949 年后，此处先后为市财政局、税务局、市各民主党派机关驻地，现为永华园小区楼群所包围，成为保定作家群纪念馆、保定市文联书画院。

宋氏宗祠

保定作家群纪念馆

宋氏宗祠现状

宋氏宗祠现状

宋氏宗祠现状

保定作家群纪念馆

名人生平

宋焕章（1882—1922），字凯臣，莲池区樊庄人，陆军中将军衔。他少负奇志，胆略过人，军事才华出众。1900年入武卫右军学校学习，毕业后官至正参领，民国初授陆军少将。1914年奉令调任第九师三十三团团长。1917年欧战爆发，中国加入协约国参战。俄国旧党建立远东政府，请协约国派军队驻东海沿省，以牵制德奥联军。宋焕章被选为支队长，率军赴海参崴参战。1918年秋抵俄境，中国侨民争相欢迎。他率领的军队，军纪严明、训练有素，在与敌、匪交战中屡获胜绩，驻扎军队于双城子，策应联军，联军遂获大捷。其后，敌军残余仍出没山岭间，中国军队以寡敌众，保护侨民。美军深深佩服中国军队坚毅耐劳，称宋焕章治军有方。宋焕章获各国元首宝星徽章。欧战结束后，宋焕章奉令回国，侨民恳留，他因命不能留，念侨民苦居异乡，数万侨民随宋焕章部向南归徙。他电请政府在双城子增设副领事，以便保护中国侨民。1922年回国，因劳致疾。第二年病故，享年41岁。总统黎元洪深为惋惜，追赠为中将，抚恤优厚，并指示史馆为其立传。

宋焕彩（1884—1966），字秀臣，莲池区樊庄人，陆军中将军衔。少年时期入私塾读书，1902年6月入保定北洋陆军练官营学习，1903年春毕业后，在江西都督府任骑兵中校参谋官。1906年又入保定陆军军官学堂第一期深造科学习，1908年毕业。1913年随江西督军李纯入赣，并授陆军少将军衔，任赣东镇守使。不久晋升陆军中将，任江西督军署参谋长，并兼任江西造币厂厂长、军事测量局局长。1924年12月，江西军务善后督办、保定陆大同学方本仁发动变乱，驱逐江西都督蔡成勋。宋焕彩因对当时互相倾轧、内斗严重的政局不满，愤然偕家眷离开江西，返回故里保定，决计辞官引退。便在保定西大街秀水胡同的宋氏宗祠定居下来。其间，为保定筹建电灯房（发电厂）、赈灾济贫等公益事业慷慨解囊，为家乡行善。1936 年夏，应保定陆大同学陈调元的邀请，聘为军事参议院中将参议。1937 年抗日战争全面爆发后，举家迁往天津定居。其间，日伪当局多次上门请其出山，均遭拒绝。中华人民共和国成立后，1951 年任天津市政协委员。1955 年被国务院聘请为中央文史研究馆馆员，因病未能进京就任。1966 年病逝于天津寓所。

清苑区冉庄古民居

冉庄位于清苑区西南 14.9 公里处，以“地道战”闻名于世。冉庄村以冉庄十字街以及由十字街连接的东街、西街、南街和北街构成中心街区，街区内有“老槐古钟”“牲口棚工事”“锅台工事”等著名革命遗迹。在大街两侧，还分布着数处保存完好的建于 20 世纪三四十年代的传统民居。

冉庄保存下来的民居都是当年平民百姓的普通住宅，多是简单的一进院格局，由 1 间大门、3 间北房而后再用围墙围合起来形成一个封闭式的宅院。坐北朝南的宅院，大门开在院子的东南角；院子的西南角是厕所，大一些的院子也有把牲口棚和猪圈设于此处的。院落都不大，一般在 50 至 100 平方米左右。

冉庄民居 3 间正房的门开在明间正中，门上及两次间窗上都设有短檐，但室内格局都是明间与东次间之间不设置隔墙，即明间与东次间连通。在东次间窗下设一土炕，明间进门右侧即是做饭的锅台，与土炕相通，冬天烧炕取暖。

冉庄地处冀中平原，当年村民生活水平较低，大多数民居建筑除勒脚使用卧砖外，其余墙体都用砖陡砌，内用土坯。当地管这种结构叫“青砖打斗”，俗称“金镶玉”。

冉庄民居的主色调是灰和白两种颜色，即屋顶为平顶，用白灰抹平，窗户纸也为白色，墙体用灰砖（当地称“青砖”）；门和窗用暗紫色，因此整体色调显得灰暗。

冉庄古民居大门

冉庄古民居正房

冉庄古民居正房内景

福
福

顺平县腰山王氏庄园

腰山王氏庄园位于顺平县腰山乡南腰山村，曾经是规模宏大的古代民居建筑群，至今只留存四处宅院，其中保存状况较好、格局较完整的仅剩腰山中学北侧的两处宅院，我们暂时为其定名为“东宅”和“西宅”。这两处宅院坐北朝南，东西并列，南北平行，相隔约 22 米。两宅建筑面积近 3 000 平方米，房屋 110 余间，皆为清代晚期北京四合院体系的传统民居。

西宅南北长 93.79 米，东西宽 61.47 米，前后共四进院落，每进院落的北房为三正四耳，即通常所说的“七间口”大院。大门开在院落的西南角，与北京四合院的典型格局相比，西宅大门两侧多了 2 间门房，一进院多了东、西跨院，内宅各院之间多了一个“条带小院”（过道）和 2 座垂花门。

东宅南北长 44.54 米，东西宽 24.6 米，也是“七间口”大院，大门开在院落东南角，是典型的“坎宅巽门”格局。与北京四合院的典型格局相比，东院的大门也是多了两侧 2 间门房，外宅一进院多了正房 3 间、西厢房 3 间及群房，内外宅之间多了一个“条带小院”（过道）。

腰山王氏庄园建筑布局紧凑，井井有条，主次分明，尊卑有序，在遵循北京四合院基本规则的前提下，进行了一些大胆的创新，充分展示了腰山王氏庄园的建筑个性，使得严谨有余而活泼不足的北京四合院平添了几分乡土建筑的洒脱和率真，从而做到了官式风范的北京四合院与敦厚朴拙的乡土特色的完美结合。

2001 年，腰山王氏庄园被国务院公布为全国重点文物保护单位。

腰山王氏庄园吉利门

腰山王氏庄园大门

腰山王氏庄园垂花门及看面墙

腰山王氏庄园正房

腰山王氏庄园影壁

大门有狮无鼓抱鼓石

大门有狮无鼓抱鼓石

安国市卜家南、北院

安国市卜家南、北院位于安国市旧城区内。据当地百姓传言，卜家在清乾隆年间从山东迁到安国经营药材，创始人叫卜继武。卜继武从扛大个、背药包送药挣脚钱，逐渐发展为安国药界首富，是安国城内最大的药商，有房产 1 000 多间，土地约 13 万平方米。卜家南、北院指的是卜姓家族在安国城内南大街两片面积很大的民居建筑群，位于南部的称卜家南院，位于北部的称卜家北院。

卜家北院原建筑面积比卜家南院大，有多处宅院。今天的福荣巷、荣安胡同、荣康南街、福洪胡同等都是原来卜家北院的范围。

北院的荣安胡同 15 号院，院内建筑已经全部拆旧建新，只有大门尚存。大门坐西向东，屋宇式金柱，廊心墙和戗檐砖雕保存尚好。福荣巷 12 号的正房已倾塌，只保存东、西厢房各 3 间，门窗全部改动；此院当年或许有一定规模，在荣安胡同 1 号院还有一排 6 间群房（东房）遗存。

卜家南院位于红光胡同一带，南院的建筑已基本不存。现位于红光胡同 4 号院的卜家南院，所存的正房已破败不堪，3 间西厢房单独隔成了一个小院，原来的格局已不太清楚。

卜家大院大门

卜家大院群房

卜家大院东厢房

卜家大院西厢房

卜家大院南院西厢房

卜家大院南院正房

安国市张氏宅院

张氏宅院位于安国市祁州镇舍二村西大街路北庆福胡同 7 号，是药商张子荣的住宅，张宅大门原来坐北朝南，共有三进院落。现第一、二进院落已全部改建，只存第三进院落。

现在的宅院大门原是第三进院的侧门，坐西向东。这座侧门虽然不大，却很考究，整座门的门框、挑檐石、阶条石都用汉白玉砌成，形成一厚重的发券拱门。挑檐石上方是一长方形的汉白玉门匾，上面原刻有 4 个字，可惜字迹已经磨蚀不清了。

进门是一狭长的通道，左侧是二进院正房的后檐墙，现两院已隔断。院内是由 3 座二层小楼围合而成的三合院。楼为砖木结构。正楼（北楼）楼上、楼下各 5 间，屋顶为双面坡卷棚顶，楼上檐廊前有栏杆，楼下檐廊不设栏杆。正楼两侧紧贴东、西配楼北山墙是室外楼梯，楼阶为砖砌，楼梯扶手为木制。西洋式玻璃门窗。汉白玉石砌五级垂带踏跺。

东、西配楼楼上、楼下各 3 间，屋顶卷棚单面坡顶，后檐墙显得十分高大。楼上、楼下都设檐廊，楼上廊边设有栏杆，楼下则不设栏杆。西洋式玻璃门窗，汉白玉石砌三级垂带踏跺。解放战争期间，晋察冀野战军司令部曾设在此院，朱德、聂荣臻、杨成武等在这里部署了解放石家庄战役。

张氏宅院是较典型的民国初期的建筑风格，整座院落保存尚好。2003 年，此宅院由安国市政府公布为县级文物保护单位。

张氏民居大门

张氏民居正楼及东、西配楼

张氏民居正楼右侧楼梯

张氏民居正楼左侧楼梯

涿州市王家老宅

王家老宅位于涿州市旧城区学校街 27 号。此宅坐北朝南，大门开在宅院东南角，共有前后三进院落。大门原为屋宇式金柱大门，但屋顶已经做了较大改动，改成了与倒座房的屋顶连在一起。二进院的垂花门是双卷棚式，垂柱、前后门罩透雕以及雀替等都保存完好，两侧的看面墙还保留左侧一面。院内是“五上六厢”：正房 5 间，东、西厢房各 3 间。正房是硬山双坡清水脊屋顶，明间为穿堂屋，由此穿堂而过进入第三进院。第三进院有后罩房 5 间。

王家老宅是一处典型的坎宅巽门的五间口四合院，现为涿州市文物保护单位。

王家老宅大门

王家老宅正院穿堂屋

王家老宅垂花门

王家老宅垂花门背面

唐县闫氏民居

闫氏民居位于唐县倒马关村。闫氏民居分南、北两院，南院在村中大街以南小巷中，北院在村中大街以北。

北院门坐北朝南，大门已不存，只存简陋的一进院落，院内存北房 4 间，左、右各为一明一暗 2 间，硬山双坡仰瓦清水脊屋顶；西厢房 2 间，屋顶同正房；东厢房已全部改动。

南院大门坐北朝南，已多做改动。此宅有前、后两进院落，两进院落平面都是南北狭长。第一进院有倒座房 3 间，东、西厢房各 2 间，西厢房已改建。二进院门是一座随墙门，屋顶为硬山双坡仰瓦清水脊，门楼高耸。二进院原有正房 3 间，现已不存，只存东、西厢房各 3 间，该院所有房屋都是硬山双坡仰瓦清水脊。从一进院东厢房残存的“卍”字窗棂上，可以看出当年的一些木雕工艺。

闫氏民居是唐县县级文物保护单位。

闫氏民居南院

闫氏民居南院大门

闫氏民居北院

闫氏民居北院正房一角

闫氏民居一进院东厢房窗棂

闫氏民居二进院随墙门

涞源县陈家大院

陈家大院位于涞源县上庄乡中庄村陈家胡同。据当地百姓传言，陈家大院原主人叫陈德彪，在江西省当过县令。陈家大院曾是一处规模较大的民居建筑群。

人们所说的陈家大院现在是一处两进的四合院，宅院坐北朝南。大门开在宅院东南角，是屋宇式金柱大门。戗檐砖雕为“余”“庆”二字，保存尚好。屋顶为硬山双坡仰瓦弧形起翘脊，颇有南方建筑味道。一进院有倒座房 5 间，现已和二进院隔成两院两家。

二进院有正房 3 间，屋顶为硬山双坡仰瓦清水脊，有蝎尾，明间为槅扇门窗，窗棂花纹繁复。正房东侧有二层阁楼 1 间，双面卷棚顶，二层的正面扇窗窗棂花纹变化繁复，保存尚好。东厢房已不存。西厢房 2 间，已变动。此院现在西厢房南侧开门，门口坐东向西。

在陈家大院以北的一片区域内，还分散着几处保存状况较差的传统民居建筑，有的还有像陈家大院那样的二层阁楼，这说明当年在此区域内曾有几处建筑风格相近的民居大院。人们把这几处宅院连通在一起，说成是陈家一家的宅院，统称为“陈家大院”。

陈家大院是涞源县县级文物保护单位。

陈家大院大门

戗檐砖雕

戗檐砖雕

陈家大院正房及阁楼

陈家大院正房及阁楼背面

涞水县岭南台村古民居

一、岭南台村古民居概述

岭南台村位于涞水县九龙镇西北15公里左右的黄潭岭南山腰的高台之上，全村现有160余户，600余人。据有关资料记载，该村已有700多年的历史了。

村中现在还保留着30余处清代古民居，这些民居的屋顶形式都是硬山灰瓦，灰色的屋顶构成了整个村庄的主色调，远远看去，展现出一种老而质朴的总体风貌；走进村中，漫步在用大小不一的石头铺就的小街小巷里，别有风韵。

二、建筑风格

岭南台村古民居属北京四合院体系的民居建筑。其建筑形态完全符合北京四合院民居的典型特征，具备了构成北京四合院民居的主要元素：

1. 岭南台村古民居由大门、正房、厢房、倒座房、院墙等单体建筑围合成四合院形态。

2. 岭南台村古民居的单体建筑如正房、厢房、倒座房等互不毗连，呈房房相离式的离散组合。

岭南台全景图

岭南台村村景

岭南台村村景

岭南台村村景

3. 岭南台村古民居的主要建筑大部分采用一明两暗的三开间基本型，核心庭院均采取一正两厢再加上倒座房的四合格局。

4. 核心庭院力求左右对称，轴线两侧有明显的对称关系。

虽然岭南台村古民居属于北京四合院体系，但因为岭南台村是一个自然环境属于山区的小村庄，由于地势和气候条件的限制、自给自足农耕为主的生活方式的影响以及当地经济水平和生活水平的制约，决定了它的建筑缺乏北京四合院那种正统性和规范性，从而在诸多方面表现出比较突出的地域特色和因地制宜的随意性。

比如，岭南台村所处山区用地十分紧张，在规划设计住宅时，首先要考虑如何节省占地面积，因此岭南台村古民居没有房房相套的大型豪宅，都是一进院落的基本型四合院，正房都不带耳房，厢房都向院中央缩进，这样不仅影响了正房的采光，而且所形成的院落既不宽绰也不疏朗。其次考虑到经济条件和适应农耕生活的方便，院中不设屏门、垂花门、抄手游廊等考究的建筑，这种状况，真实地反映了岭南台村当时的经济水平和生活水平。

三、地域特色

岭南台村古民居是在北京四合院的基础上，结合当地的环境条件、人文条件和经济条件，衍化出的一种具有鲜明地域特色的民居类型。它的地域特色主要表现在建筑格局、建筑形式以及单体建筑大门和影壁上。

（一）建筑格局特色

岭南台村古民居的基本格局是一主一次并列式一进四合院，即由正房、东西厢房、倒座房组合而成的主庭院，由 2 至 3 间倒座棚房和石砌围墙围合而成的辅院（跨院），主庭院不宽敞，跨院则更狭小。这种格局的宅院是岭南台村古民居的基本构成模式。

岭南台村古民居还有两种特殊的建筑格局：一种是民间俗称的“二子开二门”格局，一种是“双重大门”格局。

“二子开二门”格局是两组并列式院落的格局。一户人家两个儿子同居一处，但各有各的大门，两座大门平行并列，两处宅院的正房屋顶连在一起，倒座房屋顶也连在一起。两座院落正中坐落着一处厢房，这座厢房将两院分开，厢房南侧即是连通两院的原有通道。两院各自独立又相互连通。向阳北街30号院和32号院，向阳南街35号院和36号院就是这种格局。这种格局的宅院在其他地方因后代的财产分割大多已非原貌，只在岭南台村保存原来格局，十分可贵。还需要指出的是，向阳南街35、36号院大门外南侧兄弟二人共用的一排马厩，有倒座房10间之多，这是岭南台村最大的古马厩，虽年久失修，面目斑驳，但底蕴犹存，仍可见当年的不凡气势，或许这兄弟二人曾是当年村中最富庶人家。

“双重大门”的格局是一处宅院建一前一后两座大门，进入第一重大门之后是宅院的外院，外院尽头是第二重大门。岭南台村人可能是财力不足，不修建富丽堂皇的垂花门，而是结合当地乡土实际，再修一重屋宇式的二大门，进入二大门之后就到了主庭院，形成一种二进院的格局。其实，岭南台村古民居的二大门都是占用主庭院倒座房其中的一间而建成的。修双重大门一是为了安全，二是为了彰显气势。

（二）建筑形式特色

岭南台村古民居建筑形式具有鲜明的特色。

屋顶都是硬山双坡清水脊，脊两端起蝎尾，有的置花草盘子，有的不置。特殊的是有的脊端是新颖优美的花草造型，我们姑且称之为“花草吻”，这种造型在屋脊上极其罕见，是岭南台

向阳北街30号院、32号院（二子开二门）平面示意图

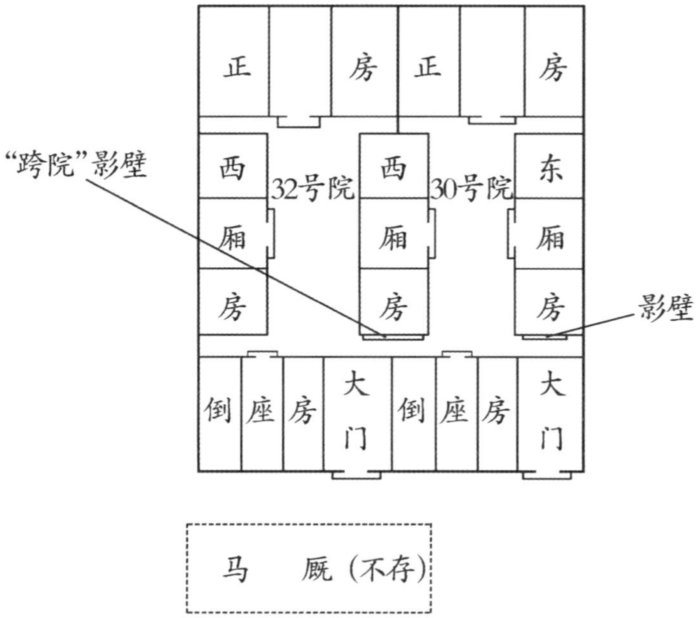

向阳南街35号院、36号院（二子开二门）平面示意图

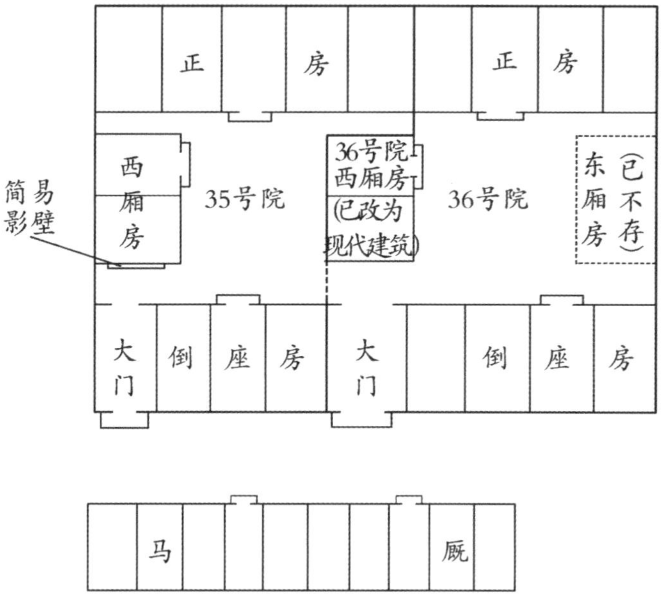

村古民居的特色，弥足珍贵。

所有单体建筑形式和体量大同小异，所有房屋都没有檐廊，没有耳房，房间体量短小，室内空间狭小。

窗棂的基本形式是方格或斜方格，变化不大。

房屋地基都用大小不一的鹅卵石砌成。踏跺全用条石砌成，全部是如意踏跺。院落地面都为方砖地面。

30 号院两院大门外景

30 号院正房及东、西厢房

30 号院倒座房

30 号院西厢房
30 号院影壁
30 号院排水孔

32 号院大门

32 号院正房与西厢房

32 号院倒座房

32 号院大门外马厩遗址
32 号院灯龛
32 号院大影壁

35 号院大门

35 号院前门罩
35 号院大门左侧戗檐砖雕
35 号院大门右侧戗檐砖雕
35 号院正房

35 号院西厢房

35 号院倒座房

35 号院、36 号院两院原通道门

36 号院、35 号院两院原通道门

36 号院屋顶花草吻

36号院大门

36 号院前门罩

36 号院大门左侧戗檐砖雕及垫花

36 号院大门右侧戗檐砖雕及垫花

36号院正房

36号院正房

36 号院门罩
36 号院倒座房

36号院马厩正面

36号院马厩背面

（三）大门的特色

岭南台村古民居的大门大多保存状态良好，粗看上去，像是北京四合院的金柱大门，实际上有很多不同，颇具乡土特色。比如，大门所处的方位，大多是设在宅院东南角的“坎宅巽门”格局，但在岭南台村古民居中却出现了一种设在倒座房最中间位置的大门，大门与正房明间相对（向阳南街25号院、31号院、40号院）。这种位置的大门在北京四合院中是绝对没有的，足见岭南台村民居的设计师是多么自由洒脱，多么百无禁忌。

从结构形式上来看，岭南台村古民居的大门虽然也都是屋宇式，但它的屋顶都不是高于倒座房的独立屋顶，而是与倒座房屋顶平行相连，没有突出大门的高大，就是说，这种大门的结构没有完全独立。为了节约占地面积，大门前的踏跺一直砌到大门门槛跟前，门前不留空间，没有北京四合院金柱大门必

向阳南街25号院

向阳南街 31 号院

向阳南街 40 号院

设的抱鼓石。大门前左、右廊心墙十分简陋，没有任何装饰；有的左侧廊心墙设一照明的灯龛；少数大门前设前门罩透雕和戗檐砖雕。

（四）影壁的特色

影壁是四合院必有的一种独立建筑物，是四合院大门内外的装饰墙面，大多构造精致、雕饰精美，为美化四合院宅门出入口的环境起着重要作用。

岭南台村古民居的影壁只有两处是比较规范的（向阳小街 1 号院、向阳后街 1 号院），其余绝大多数影壁都极其简陋。严格来说，这不能算是真正的影壁，只能算是一种象征性的影壁，这是岭南台村特有的乡土影壁。具体做法是：在厢房南山墙上掏空一块面积，中间填以碎砖和土坯，四周用砖砌一个边框，

向阳小街 1 号院影壁

向阳后街 1 号院影壁

30 号院、32 号院跨院影壁

边框内抹一层白灰，就形成了一座影壁。

需要特别指出的是，向阳北街 30、32 号院的一座影壁，面积超大，似乎意图是“一壁跨两院”，虽说同样简陋，但可以看出设计者的别出心裁。

结语

1. 岭南台村地处深山，由于交通不便及财力和物力的限制，一般民众建造住所只能因地制宜、就地取材，依靠世代相传的技艺，建造成土生土长的乡土建筑。在建造过程中，更能发挥当地能工巧匠的聪明才智，从而使得这些建筑具有特色鲜明的乡土工艺性和强烈的建筑个性。岭南台村古民居充分体现了传统建筑的地域特色，属于传统乡土建筑的范畴，是地域文化的重要组成部分。

2. 岭南台村古民居虽然建筑规格、形制不高，但布局合理、主次分明、功能明确，平面关系紧凑实用，建筑朴实无华，一切坚持“实用至上”的原则，有利于生产，方便生活，完全符合当时、当地人们的经济、生活和文化水平。

3. 岭南台村古民居既没有高官巨贾的豪门深院，也没有世代书香的雅士之所，所保留下来的数十处古民居就是当时广大农民、小商人、小手工业者和乡野知识分子的普通住宅，是地地道道的百姓之居。

4. 岭南台村古民居基本上保持了建筑的最原始风貌，保持了古民居的真实性和完整性。十分难得的是，岭南台村古民居几乎所有宅院都有原住民在里面居住和生活，保持了原住民的生活环境，体现了文化遗产与人类传承的血脉关系，是中国古典建筑的一个活标本，堪与北京爨底下村古民居、河北省蔚县暖泉镇古民居相媲美，具有重要的历史价值、文化价值和民俗价值。

唐县吉祥庄村古民居

一、唐县吉祥庄村古民居概述

唐县白合镇吉祥庄村位于县城西北约 20 公里。该村历史悠久，据当地父老传言，吉祥庄最早叫“爹庄”，因听起来不雅，于明万历年间改名为吉祥庄，距今已有 400 多年历史。村中现有 446 户，1 600 多人。

现在的吉祥庄大致上可以分为“旧庄”和“新庄”两部分。“旧庄”在西部，“新庄”在东部和南部。“旧庄”仍保存着外围的古南门楼、古东门楼和西门楼（无北门楼），这几座门楼形成了“旧庄”和“新庄”的界线。“旧庄”南北长约 200 米，东西长约 300 米，古民居都在“旧庄”内。在“旧庄”中部有一条横贯东西的街道，是“旧庄”的主街，村民称之为“大街”。古民居基本上就分布在“大街”南北两侧及其延伸部分的街巷里。

据村中父老介绍，这些老房子从他们祖辈的祖辈就已经有了，是他们世代居住的“家”，至少也有百年的历史。从口碑相传，再结合这些老房子的建筑风格来看，吉祥庄村古民居应当是清代遗存。

吉祥庄街景

吉祥庄街景

吉祥庄街景

吉祥庄街景

吉祥庄街景

吉祥庄街景

当年，村中曾经有过 3 家大户人家，即张家、贺家和董家。这 3 户人家的宅院当时在村中规模最大，都是连成一片的。张家和贺家的宅院在“旧庄”的东北部，后来张家的宅院又扩展到了“旧庄”的西北部，而董家则占了“旧庄”的南部。庄里其他的宅院就分属小户人家了。

随着时代的演变，大户也逐渐分崩离析，他们的宅院也没有了昔日的气派。到如今，很多村民纷纷离开了“旧庄”，搬到“新庄”住上了新民居。根据 2014 年的调查报告，吉祥庄村古民居仍有保存较好的 9 处宅院，约 120 多间老房子。

二、对吉祥庄村古民居的认识

吉祥庄村古民居的基本格局是房屋面向院中围合的合院格局，但并未形成固定的三面有房或四面有房的三合或四合格局，

董家 3 号院

李家院

张家3号院

贺家 2 号院

而是两面有房、三面有房、四面有房的都有。不仅如此，就连正房和厢房的房屋数量也不固定，正房 2 间的、3 间的、4 间的都有；厢房就更特别了，不仅有 4 间的超过正房间数的厢房，而且有很长的 6 间甚至 10 间的厢房，最为特殊的是有独立的 1 间厢房。这些宅院基本上每处都没有形成轴线的对称关系，完全是一种“多少由己”的随心所欲的自由化格局。

有三种建筑形式是吉祥庄村古民居所特有的。

一是地窨子。吉祥庄村的地窨子不同于其他地区农村的地窖。其他地区的地窖一般是直上直下的，空间不大，功能单一，只能储存蔬菜、番薯之类，而且这种地窖与房屋建筑没什么关

张家 3 号院

系，随便在院子里挖一个就可以了。吉祥庄村的地窨子则不同，它可深达 2 米或更多，最大空间面积可达 9 平方米，里面不仅可以储菜，夏天还可以搭床睡觉，大的地窨子女人还能够在里面纺纱织布。这种地窨子是在建造房屋时同房屋一起设计好的，是宅院建筑的一个组成部分。地窨子一般都建在厢房下面，而且多建在东厢房下面，个别的北房、西房下也有，南房下绝对没有。吉祥庄村有地窨子的宅院大约占到 70% 以上。

二是神龛。吉祥庄村家家户户都设神龛，这也是在建房时设计好的。神龛多为长方形，大约高 40 厘米，宽 20 厘米。神龛的位置不固定，有的在正房门外两侧，有的在厢房门外一侧；

数量也不等，每处宅院少则 1 座，多的设有 4 座。吉祥庄村的神龛，供神不供佛，他们供的是玉皇大帝、财神爷、关老爷等，这是当时吉祥庄村民生活中不可或缺的精神追求。

三是二层楼建筑。这种建筑在吉祥庄村共有 3 处，两处建在大门的上层，一处建在宅院西北隅，都为张姓人家所有。这种阁楼式建筑平面都是正方形，三面开窗，一面开门，面积不大，村民称之为“吉星高照楼”。这种造型、这种位置的小楼，在其他村不多见。

结语

吉祥庄村“旧庄”由古南门楼、东门楼、西门楼围合，集中保存了成片的清代民居，风貌完整，原汁原味。这些古民居既反映了当地乡土建筑的演变历史，又折射出深厚的文化底蕴，是吉祥庄村一部融浓郁民俗风情和生动生活气息的村落史。

吉祥庄村古民居表现出了十分突出的建筑个性和乡土工艺性，具有非常明显的地域特点，是地域文化的组成部分，具有重要的历史价值、文化价值、民俗价值和学术研究价值。

贺家 1 号院

蠡县梁庄村古民居

一、蠡县梁庄村古民居

梁庄村位于蠡县县城南约 1 公里，在这个普通的小村里诞生了梁斌、黄胄两位文学艺术大师，还有一位抗日英烈梁鉴堂。除了几处名人故居之外，村中还保存了不少老房子，这些老房子建造于 20 世纪三四十年代，保留了那个年代冀中平原村庄独特的韵味。

为叙述方便，我们将这些民居用阿拉伯数字顺序编号。

（一）梁庄 1 号民居

位于村中大街东端路北，大门坐北朝南，汉白玉发券拱门，拱券门左、右上方各雕一岔角花，大门两侧方柱样式略显西化。门券之上砖砌的门匾犹存，匾中 3 个大字已剥蚀难辨（似为“庆余堂”），但上、下款识年月仍清晰可见，为“民国二十六年四月”，即 1937 年 4 月。这是此处宅院确切的建筑年代。

进入大门是大门洞，门洞右侧是过道屋，通过大门洞就进入了院落。院落只有一进，院内正房 3 间，门窗上为砖砌雨搭，窗户都有改动。没有耳房及厢房，倒座房有 4 间（包括大门 1 间），

梁庄 1 号民居

梁庄 1 号民居大门

梁庄 1 号民居大门门匾

梁庄 1 号民居大门洞

梁庄 1 号民居正房

梁庄 1 号民居倒座房

房屋都是陡砖平顶，门窗上设砖砌雨搭，屋顶排水设施保存完好。

梁庄1号民居有明确纪年，整座院落格局清楚，保存完好，尚有人居住和生活，堪称20世纪30年代冀中平原地区农村民居建筑的活标本。

（二）梁庄2号民居

位于村中大街西端路北，大门已不存，为一进院落，保存正房3间，砖砌圆孔形墙帽，门窗已改动，东厢房2间。房屋都是陡砌平顶，门窗上砖砌雨搭仍存，屋顶排水设施保存完好。尚有人居住和生活。

梁庄2号民居正房及东厢房

梁庄2号民居东厢房

（三） 梁庄 3 号民居

位于村中大街西段路北，距 2 号民居不远。大门已不存，为一进院落。有正房 3 间；东次间带暗房半间，窗已改动，但上面砖砌雨搭仍存。房屋为陡砌平顶，屋顶排水设施保存完好。

（四） 梁庄 4 号民居

位于村中大街西段路南，此宅院主人长期在外，大门紧锁，无法进入院内。大门坐南朝北，拱门砖券，门匾保存完好，上刻“和谦义德” 4 字。此院落较大，大门两侧为一排北房，从后檐墙来推断，应为 10 间，其形成的街面很有韵味。房屋为陡砌平顶，保存完好。

（五）梁庄 5 号民居

位于村中大街最西端，黄胄故居遗址附近。此处宅院坐南朝北，已是人走屋空，门窗都已拆除，成为弃房。大门为拱门

梁庄 3 号民居

梁庄 4 号民居

梁庄 4 号民居大门

梁庄 5 号民居北房及西厢房

梁庄 5 号民居大门

砖券，院落较大，有北房 6 间（包括大门 1 间），西厢房 3 间，房屋为陡砌平顶，门窗上有砖砌雨搭，屋顶排水设施保存完好。

除上述 5 处宅院之外，还有近 10 处类似的宅院因为主人不在而无法进入，因为都是普通农民住宅，估计院落格局及建筑形式应该大同小异。

二、对梁庄村古民居的认识

1. 梁庄村古民居的格局非常简单，大多是由大门、正房及围墙围合起来的一进院落，最多再有一面厢房或倒座房。建筑形式和建筑体量大同小异。

2. 梁庄村古民居房屋的墙体都是用砖陡砌，内用土坯，房顶都是平顶，夏天乘凉睡觉，秋天晾晒粮食，不可或缺，因此各家屋顶排水设施都很完善。

3. 梁庄 1 号民居建筑历史年轮明确，充分体现了 20 世纪 30 年代冀中平原地区广大农村民居的典型特征。

4. 在中华人民共和国成立前的旧中国时期，生活在社会底层的老百姓有 3 间房的小院子和 6 间房的二合院，是农村民居中的多数，梁庄村古民居充分反映了这一时代特征。

蠡县汉贤齐公祠

汉贤齐公祠，位于高阳、蠡县交界之处，属于蠡县大曲堤村，距离保定1小时车程。始建于明代万历年间，占地面积5 700平方米，是典型的四合院建筑风格。大门口三顶一门，大门上方有清乾隆四十八年(1783年)官府所赐金匾，上书“汉贤齐公祠”5个大字，体势雄健，浑厚丰腴。

1936年的汉贤齐公祠，门前有月台，大门两侧有雕刻精美的石狮1对，两个大旗杆昂然屹立，威风凛凛。数百年来，汉贤齐公祠一直有齐氏后裔专人管理。在北方，保存如此完整，且一直在用的祠堂非常罕见。2001年，齐公祠作为齐盖墓附属建筑，被河北省人民政府公布为省级重点文物保护附属单位。

汉贤齐公祠

汉贤齐公祠又称齐氏家祠，供奉的是西汉大将军、险渎侯、关内侯齐盖公。战国时期，盖公先人齐康公十一世孙为避

齐公祠远景
1936 年齐公祠正门及六角墓亭

田氏篡乱，迁至蠡县南庄。盖公生于西汉后期，才华盖世，屡建奇功，深蒙汉平帝赏识，先拜宣议郎，又赐“汉贤”为字，后拜北平大将军，救万民于水火。任幽州刺史期间，因政绩卓著，又先后获封险渎侯、关内侯，兼河北道最高行政长官。公元 8 年，王莽篡位，盖公义愤填膺，一心光复汉室天下，不料大业未竟，逝于任上，万民哀悼。盖公逝后葬于蠡县南庄。汉光武帝刘秀光复汉室之后，对盖公追加谥号，礼敬有加，并入皇家公文记录。汉和帝年间，钦命建祠，距墓东南 200 米处，是为汉齐盖庙，

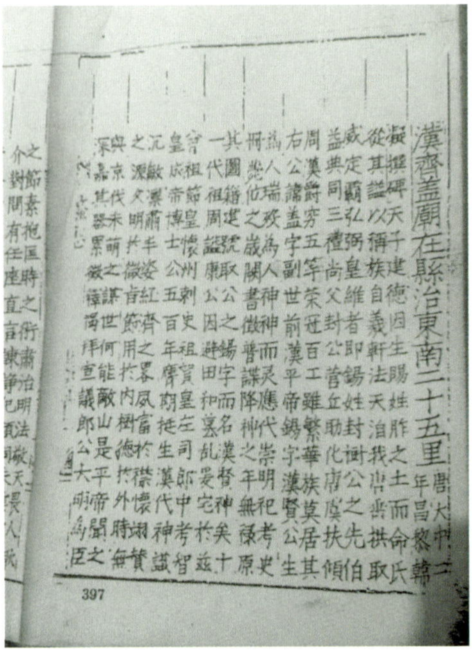
漢齊盖廟在縣治東南二十五里

397

明嘉靖年间《蠡县志》记载齐盖公事迹

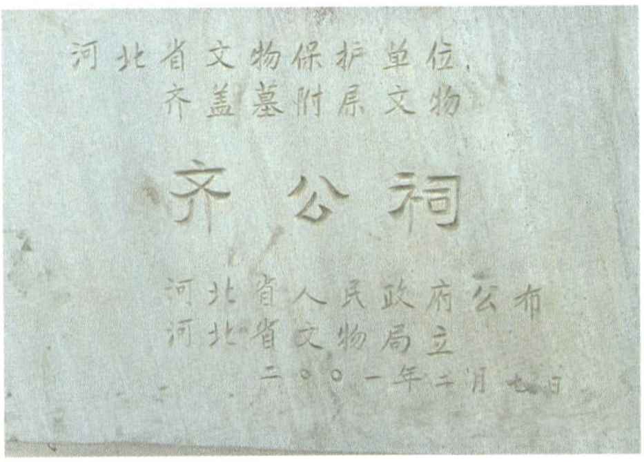

1936 年齐公祠院内牌楼
河北省文物保护单位牌
蠡县南庄镇的齐盖墓

世代享受祭祀。唐代时该庙破败，唐大中二年（848 年）又重修汉贤庙，昌黎韩凝撰碑文铭于石。碑文在《全唐文》、明代《蠡县志》及《中国古籍全录》可考。

齐氏家祠正殿上方有民国大总统徐世昌所题匾额，上书“齐氏家祠”描金大字，左、右另有国民政府主席林森题字：“泽流东海”、国民政府司法院长居正题字：“庄严肃穆”，堂前 3 块牌匾相映生辉。

正殿内塑有齐公坐像 1 尊。明代建祠时，齐公塑像为站姿武将，高抵房顶，可惜后遭毁损。正殿内四周墙壁有壁画若干，悬有清光绪年间钦点翰林院编修、两

徐世昌题“齐氏家祠”牌匾
林森题“泽流东海”牌匾
居正题“庄严肃穆”牌匾

广盐运使蒋式芬撰联一副：汉代衣冠今庙貌；世家门第旧侯封。

蠡县《齐氏家谱》总谱始修于东汉，大曲堤总谱始修于元朝初年，明朝时因戊寅之变大部被毁。至清康熙年间，根据所余旧册、各支谱、各支族长回忆，耗数月之功，重新整理成册，后又在“文革”期间毁损严重。直至20世纪80年代末，幸存的总谱公之于世，经族中德高望重者数人历时3年誊抄、续写，才完成整理。

齐公祠正殿内的壁画

《齐氏家谱》

蠡县《齐氏家谱》现有 20 卷老谱，其中两卷非常特殊：一卷名《群英谱》，历代子孙有功名者皆收录在此册；一卷名《烈

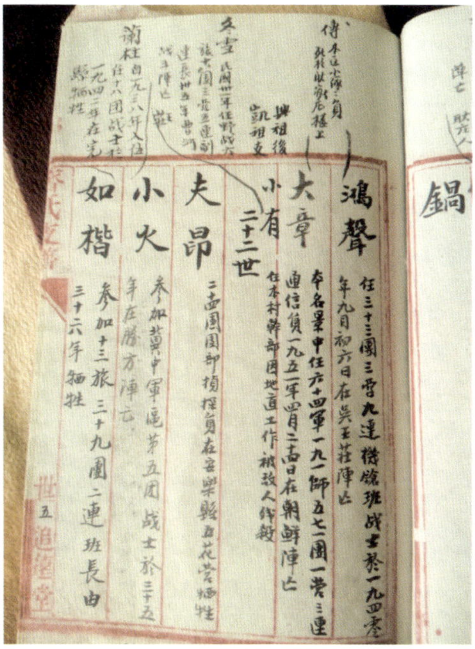

《齐氏家谱》内页

士谱》，记录的都是在抗日战争、解放战争中为国捐躯的齐氏儿女。蠡县齐氏代代皆有国之重臣，近现代也有很多身份显赫之人。齐氏家风崇尚高调做事、低调做人，流传有名人轶事的齐氏族人多为教育兴国、以身报国的学界、军界人物，以及乐善好施之族人，为官者少有提及。

蠡县齐氏自古忠烈，家国情怀非常浓厚。始祖齐盖忠烈护国，逝于任上。金兵入侵中原，蠡县齐氏组建民间力量抗击金兵，战至最后一人。近代的抗日战争、解放战争中，仅《蠡县志》记录在册的齐氏英烈就有 169 位之多。

蠡县齐氏积极响应党和国家复兴传统文化、传承良好家风的号召，以齐氏家祠为载体，开展丰富多彩的文化活动。在每年一届的汉贤齐公祠传统文化节，组织奉香煮茶、弹琴吟诵，书法绘画、戏曲武术等传统文化的现场表演，让乡里百姓近距离感受到古老、高雅的传统文化魅力。

每年烈士纪念日民众到齐公祠祭拜革命烈士，接受爱国主义教育

汉贤齐公祠第一届文化节于2018年端午节开幕，清末著名教育家王锡三五世孙、河北省政协原常委兼副秘书长、著名书法家王建辉先生为文化节题字：见贤思齐

汉贤齐公祠第二届传统文化节于2019年中秋节盛大开幕

育德中学在齐公祠挂牌建立传统文化教育基地

2018 年 9 月，保定市人大常委会主任马誉峰到齐公祠调研

汉贤书院内景

大曲堤镇中小学将齐公祠确定为传统文化教育基地

齐公祠文化传承大讲堂——大曲堤齐氏十九世后人齐分良为中学生们讲村史

齐公祠祭祖大典

齐氏后人秉承教育报国的良好家风，在家祠西配殿开办汉贤书院，重倡“三堂”之教，免费向村民提供图书借阅，定期举办文化传承大讲堂。

清明祭祖是蠡县齐氏坚守几百年的家规，以前大都是族中几位掌事的宗亲简单地在先祖塑像前焚香祭拜，自 2015 年起，每年清明当天，汉贤齐公祠都会举办隆重的祭祖大典，重新唤醒族人对于先祖的追思，对于家规家训的敬畏。

汉贤齐公祠地表建筑始自明代，文化内涵却可以追溯到春秋战国时期。她是一座宝藏，期待着更多的人了解她、保护她、传承她！

附表1　保定市名人故居一览表

	序号	名称	居住者	保护现状	备注
保定市区名人故居4处	1	王占元故居	王占元	一般	国保单位；清河道署内
	2	曹锟故居	曹　锟	较好	国保单位；光园内
	3	孙岳故居（撒珠胡同8号院、幸福里街10号院）	孙　岳	一般	两套院落原为一处
	4	李英儒故居（胜利街18号院）	李英儒	较差	重点民居
各县（市）名人故居13处	1	唐县牛眼沟晋察冀军区卫生学校旧址	白求恩	一般	国际友人
	2	唐县柯棣华故居	柯棣华	一般	国际友人
	3	定兴县鹿传霖故居	鹿传霖	一般	两广总督
	4	安新县陈调元故居	陈调元	一般	省保单位
	5	博野县程茂兰故居	程茂兰	一般	近代天体物理学奠基人
	6	阜平县邓拓故居	邓　拓	较好	新闻家、政论家
	7	高阳县李鸿藻故居	李鸿藻	较差	晚清军机大臣
	8	高阳县苏秉琦故居	苏秉琦	一般	著名考古学家
	9	蠡县梁鉴堂故居	梁鉴堂	一般	抗日民族英雄
	10	蠡县梁斌故居	梁　斌	一般	著名作家
	11	蠡县黄胄故居	黄　胄	已倒塌	著名画家
	12	雄县陈子正故居	陈子正	好	省保单位
	13	易县赵鹏飞故居	赵鹏飞	较好	北京市人大常委会原主任

附表 2　保定市重点民居一览表

	类别	序号	名称	居住者	保护现状	备注
市区重点民居15处	办公场所1处	1	南大街31号院	王占元	较差	乾义面粉公司办公室
	公共场所6处	1	宋氏宗祠		较好	重点民居
		2	樊氏宗祠（琅琊街80号院）		较差	重点民居
		3	幼云堂（陈幼云祠堂）		较好	国保单位；育德中学旧址内
		4	杨继盛祠堂（1）		维修中	市保单位
		5	杨继盛祠堂（2）		一般	市保单位
		6	第一客栈	毛泽东	好	市保单位
	新建建筑2处	1	冯玉祥故居（管驿街小学内）	冯玉祥	新建	改变原有格局
		2	周思诚故居	周思诚	新建	异地迁建，改变原有格局
	其他保护民居6处	1	福兴里7号院	谢姓商人	一般	重点民居
		2	穿行楼东街35号院	谢姓商人	一般	重点民居
		3	胜利街18号院	李英儒	较差	重点民居
		4	北大街55号院	司冠三（曹锟副官）	好	重点民居
		5	枣儿胡同31号	许润民	维修中	重点民居
		6	东大街150号	高阳李氏家族	重建中	李石曾在此居住过

续表

	类别	序号	名称	居住者	保护现状	备注
各县（市）重点民居15处	办公场所7处	1	唐县葛公白求恩卫生学校旧址	江一真	一般	校长办公室
		2	唐县和家庄晋察冀军区司令部旧址	聂荣臻	一般	司令部
		3	唐县花盆村晋察冀军区后方医院旧址		较好	白求恩手术室旧址
		4	唐县花塔白求恩手术室旧址		较好	
		5	涞水县岭南台向阳街北街26号院	萧　克	较好	曾为萧克司令部
		6	涞水县大泽村老人官故居	杨明铎	好	野三坡民间管理机构
		7	高阳县蔡和森办公室	蔡和森	较好	国保单位；高阳布里留法工艺学校旧址内
	公共场所2处	1	容城县杨继盛祠堂		新建	
		2	涿州市郦道元故居（纪念性建筑）		好	市保单位
	新建建筑5处	1	定兴县张秀中故居	张秀中	新建	县保单位
		2	博野县牛满江故居	牛满江	新建	现代建筑
		3	蠡县宋洛曙故居（故居原址已建立了高蠡暴动纪念馆）	宋洛曙	新建	市级爱国主义教育基地
		4	徐水县师昌绪故居	师昌绪	新建	现代建筑
		5	曲阳县葛士英故居	葛士英	新建	

附表 3　保定市区已消失的名人故居一览表
（不完全统计 14 处）

序号	名称	地址	备注
1	刘春霖故居	原在现保定二中北，辘轳把胡同附近	已拆
2	孙连仲故居	原在双彩街	已拆
3	吴佩孚故居	原在延寿寺街	已拆
4	高树勋故居（1）	原在当铺胡同	已拆
5	高树勋故居（2）	原在王字街、南大街中段东侧	已拆
6	商震故居	原在安详胡同	已拆
7	冯国璋故居	原在县学胡同	已拆
8	池峰城故居	原在椿树胡同	已拆
9	孙岳故居	原在保定市图书馆（原馆）后身	已拆
10	李鸿章故居	原在相府胡同，东大街西段北侧	已拆
11	刘吉故居	原在国公街，清真寺小区	已拆
12	谢鉴礼故居	原在后卫街、市府后街	已拆
13	张柔故居	原在帅府胡同	已拆
14	沈克故居	原在杨家胡同，现淮军公所小区	已拆

后记

《保定名人名居》作为“保定历史文化名城丛书”的第二部，经过1年多的努力，终于完成定稿。保定市人大常委会主要领导对出版此丛书极为重视，多次过问并做出重要指示。主管领导提出了具体要求，教科委具体牵头负责，并邀请河北新型智库·河北省文化产业发展研究中心（河北大学文化创意产业研究中心）组建以杜浩教授为组长的项目组参与开展具体工作。

项目组确定了“挖掘、整合、传承、服务”的核心指导思想，为保证本书架构的科学性与合理性，篇目结构进行了多次调整，最终将本书结构分两个部分，既介绍名人又展示民居，系统收录了保定名人故居41篇和保定古民居17篇。在查阅保定县志和相关文史资料、走访名人后代、调查历史建筑的基础上，项目组多次修订保定名人名居统计表并补拍保定名人名居现存图照，有序地开展后期编撰工作。保定市文物局、方志办，各县市区人大的基层领导和工作人员也给予了高度重视和全力支持。所有这些，为本书的顺利出版提供了便利。在此一并表示诚挚的感谢！保定作为历史文化名城，名人遗迹、建筑文物不可谓不丰富，但由于一些客观原因，一些文物、遗迹在历史长河中早已湮灭不存，这也给本书的编写带来了相当的难度，也不免有挂一漏万之处，尚祈读者与专家教正。珍视、保存我们脚下的历史，传承、弘扬保定的文化，为保定历史文化的记录和传播略尽绵薄之力，但愿不辱使命。

《保定名人名居》编委会

2019 年 10 月